W0375461

♌ HOROSKOP DER LIEBE ♌

# LÖWE

*23. Juli - 23. August*

Julia & Derek Parker

arsEdition

*Gewidmet Martin Lethbridge*

EIN DORLING-KINDERSLEY-BUCH

*Project Editor* · Annabel Morgan
*Art Editor* · Anna Benjamin
*Managing Editor* · Francis Ritter
*Managing Art Editor* · Derek Coombes
*DTP Designer* · Cressida Joyce
*Production Controller* · Martin Croshaw

*Danksagungen*
Fotos: Steve Gorton: S. 10, 13-15, 17-19, 46-49; Ian O'Leary: S. 16.
Weitere Fotografen: Colin Keates, Dave King, Monique Le Luhandre, David Murray, Tim Ridley, Clive Streeter, Harry Taylor, Matthew Ward. Illustrationen: Nici Demin: S. 34-45; Peter Lawman: Umschlag, S. 4, 12; Paul Redgrave: S. 24-33; Satwinder Sehmi: Symbole; Jane Thomson: Schmuckrahmen; Rosemary Woods: S. 11.
Peter Lawmans Bilder sind in der Portal Gallery Ltd., London ausgestellt.

Bildquellen: Bridgeman Art Library/Eremitage St. Petersburg: S. 51; Robert Harding Picture Library: S. 20 links, Mitte, rechts; Images Colour Library: S. 9; The National Gallery London: S. 11; Tony Stone Images: S. 21 oben, unten; The Victoria and Albert Museum London: S. 5; Zefa: S. 21 Mitte.

Ebenfalls danken wir: Sarah Ashun, Emma Brogi, Charlie Chan, John Filbey, Jane Lawrie, Sharon Lucas, Daniel McCarthy, Marion McLornan, Christine Rista, Ola Rudowska, Tim Scott, Isobel Sinden, Martha Swift, Mark Thurgood, Cangy Venables und Liz Wagstaff.

© der englischen Originalausgabe: 1996 Dorling Kindersley Limited, London
© Text: 1996 Julia und Derek Parker
© dieser Ausgabe: 1997 arsEdition GmbH, München
Originaltitel: **The Love Signs Library. Leo**
Alle Rechte vorbehalten
Aus dem Englischen von Angelika Lehmann-Wehmeier
Redaktion: Martina Stoll-Kreußel

Printed in Hong Kong
ISBN 3-7607-1716-0

# INHALT

# ASTROLOGIE & SIE

ASTROLOGIE BESTEHT KEINESWEGS NUR AUS DER ERMITTLUNG IHRES SONNENZEICHENS. DER STAND DER ANDEREN PLANETEN ZUM ZEITPUNKT IHRER GEBURT KANN EBENFALLS FASZINIERENDE EINBLICKE IN IHRE PERSÖNLICHKEIT GEBEN.

Ihr Stern- oder auch Sonnenzeichen ist das Tierkreiszeichen, das die Sonne zum Zeitpunkt Ihrer Geburt durchwanderte. Die meisten Astrologiebücher beschränken sich darauf, die Bedeutung des Sonnenzeichens zu erklären. Dies ist eine einfache Form der Astrologie, die Ihnen zwar interessante, aber sehr allgemeine Informationen über Ihre Persönlichkeit gibt. Dieses Buch geht einen Schritt weiter. Es verrät Ihnen, in welcher Verbindung die Planeten Venus und Mars zu Ihrem Sternzeichen stehen und welchen Einfluss Sie auf Ihre Einstellung zu Liebe und Sexualität haben.

Um einen genauen Einblick in Ihre Persönlichkeit zu gewinnen, bedarf es eines Geburtshoroskops, aus dem nicht nur die Stellung der Sonne, sondern die aller Planeten des Sonnensystems zum Zeitpunkt der Geburt hervorgeht. So wie die Sonne in einem der zwölf Tierkreiszeichen stand und Sie beispielsweise zu einem Zwilling oder Schützen machte, standen auch die anderen Planeten in einem Zeichen. Jeder Planet ist für einen bestimmten Teil Ihrer Persönlichkeit verantwortlich, und die Planeten Venus und Mars sind für Ihre Einstellung zu Liebe und Sexualität zuständig.

Als Schütze beispielsweise müssten Sie nach den Merkmalen des Sonnenzeichens ein dynamischer, freiheitsliebender Typ sein. Stand aber, als Sie geboren wurden, die Venus im Zeichen der Waage, so sind Sie ein eher passiver und anhänglicher Partner – Eigenschaften, von denen man sagt, sie seien dem Schützen völlig fremd.

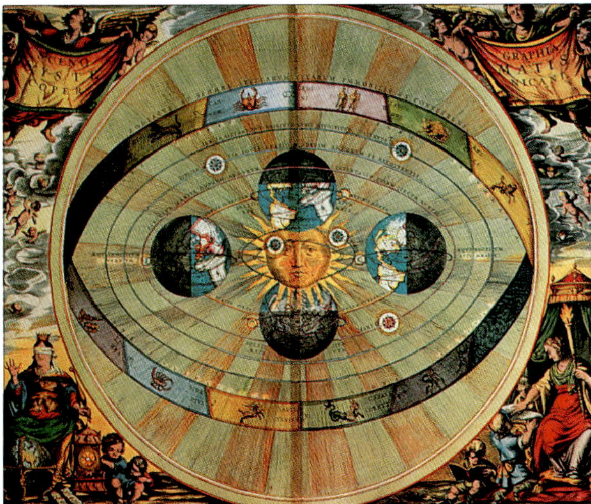

**Planetenkonstellation**

*Kopernikus vertrat im 16. Jahrhundert die für seine Zeit revolutionäre These, dass die Planeten um die Sonne statt um die Erde kreisen. Diese Karte aus dem 17. Jahrhundert zeigt die Sonne im Zentrum des Planetensystems.*

Mit Hilfe der Tabellen auf Seite 52-61 können Sie die Position von Mars und Venus zum Zeitpunkt Ihrer Geburt ermitteln. Wenn Sie diese Position herausgefunden haben, schlagen Sie bitte die Seiten 22-45 auf. Dort können Sie nachlesen, wie sich der Einfluss von Mars und Venus auf die Eigenschaften Ihres Sonnenzeichens auswirkt. Sie gewinnen vielleicht überraschende, in jedem Fall aber faszinierende Einsichten in Ihre Persönlichkeit und erfahren, wie die Planeten Ihre Einstellung zu Liebe und Sex geprägt haben.

# PARTNERSUCHE

DIE ASTROLOGIE KANN IHNEN WERTVOLLE TIPS GEBEN, WIE SIE KONTAKTE KNÜPFEN UND AUSBAUEN KÖNNEN. SIE KANN IHNEN AUCH SAGEN, WIE SIE ZU IHREM PARTNER PASSEN UND WIE AUSSICHTSREICH IHRE BEZIEHUNG SEIN DÜRFTE.

Häufig benutzen Menschen die Astrologie als Einstieg um jemand kennen zu lernen; die Frage nach dem Sternzeichen ist ein beliebter Gesprächsanfang. Für die einen ist es eher ein Spiel; andere dagegen können großen Wert auf die Frage und ihre Beantwortung legen.

Astrologie kann Ihr Denken und Ihr Verhalten in der Liebe beeinflussen. Sie kann Ihnen faszinierende Informationen und nützliche Tips über sich und Ihren Partner liefern. Was sie nicht kann ist: Ihnen sagen, in wen Sie sich verlieben sollen und in wen nicht.

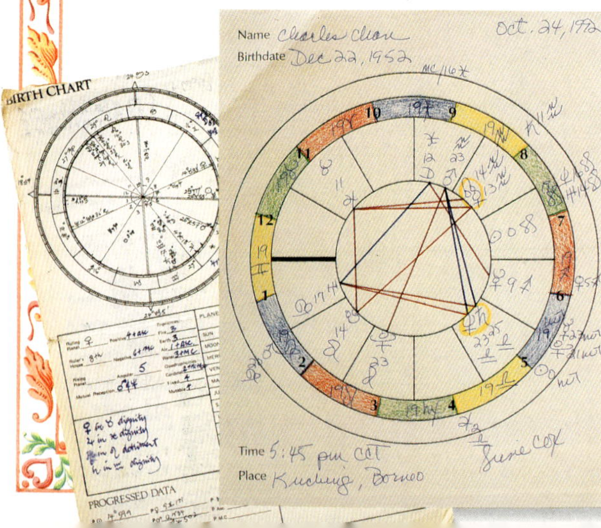


**Geburtshoroskope**
*Die Synastrie vergleicht die Geburtshoroskope zweier Menschen, um zu zeigen, wie sie in verschiedenen Bereichen ihrer Beziehung miteinander harmonieren. Gemeinsamkeiten und Konflikte werden so deutlich.*

**Die vier Elemente**

*Menschen, deren Sternzeichen zur selben Elementengruppe gehört, harmonieren meist gut miteinander. Die Gruppen lauten:*

FEUER: *Widder, Löwe, Schütze*

ERDE: *Stier, Jungfrau, Steinbock*

LUFT: *Zwillinge, Waage, Wassermann*

WASSER: *Krebs, Skorpion, Fische*

Wenn Sie jemandem begegnen, der Ihnen gefällt, kann die Astrologie Ihnen wertvolle Einsichten in seine Persönlichkeit liefern. Sie kann sogar Charakterzüge aufdecken, die Ihr Partner lieber vor Ihnen verborgen halten würde.

Astrologen werden oft um Rat gebeten, wenn jemand mehr über seine Beziehung wissen will oder Probleme mit dem Partner hat. Dieser Teil der Astrologie heißt Synastrie. Dabei werden die Geburtshoroskope beider Partner miteinander verglichen. Jedes Geburtshoroskop gibt exakt den Stand der Planeten zum Zeitpunkt und Ort der Geburt eines Menschen wieder. Durch Auslegung der Einzelhoroskope und anschließenden Vergleich kann der Astrologe herausfinden, ob zwei Menschen zusammenpassen, und aufzeigen, wo es in der Beziehung zu Konflikten kommen könnte und wo sich eine starke Bindung entwickelt.

Eine der größten astrologischen Legenden ist, dass bestimmte Sternzeichen auf keinen Fall zusammenpassen. Das ist Unsinn. Jedes Sternzeichen kann unter bestimmten Voraussetzungen mit jedem anderen Sternzeichen eine glückliche Beziehung eingehen.

# SIE & IHR PARTNER

Sich und den Partner zu kennen ist der Schlüssel zu einer glücklichen Beziehung. Hier enthüllen wir die traditionellen Löwe-Attribute, Ihr Verhältnis zu den anderen Sternzeichen und die dazugehörigen Pflanzen.

Der Lorbeer ist mit dem Löwen verknüpft.

Zum Löwen gehören alle Sonnenfarben.

Gold ist das Metall des Löwen.

Leuchtend gelbe Ringelblumen sind die Blumen des Löwen.

Löwen haben eine ausgezeichnete Haltung und stehen stets gerade.

Wein und Weinberge gedeihen im Zeichen des Löwen.

Der Leopard und andere Katzen stehen im Zeichen des Löwen.

**Löwe und Widder**
Eine feurige, dynamische Kombination. Sie verlangen beide viel vom Partner und wetteifern gerne miteinander. Daraus könnte sich die aufregendste und lebendigste Verbindung im Tierkreis entwickeln.

*Lavendel wird dem Zwilling zugeordnet.*

*Disteln werden vom Widder regiert.*

**Löwe und Zwilling**
Eine lebhafte Verbindung, die viel Spaß verspricht. Das ständige Flirten des Zwillings darf Sie nicht stören – er braucht Spannung und Abwechslung; das heißt aber nicht, dass er Sie weniger liebt.

**Löwe und Stier**
Der Löwe bringt Glanz und Dramatik ins Leben des unerschütterlichen Stieres, der dafür viel Zuneigung und Unterstützung bietet. Beide sind äußerst dickköpfig.

*Lilien und andere weiße Blumen gehören zum Krebs.*

*Die Rose ist mit dem Stier verknüpft.*

**Löwe und Krebs**
Der liebevolle Krebs gibt Ihnen all die Aufmerksamkeit und Bewunderung, die Sie ersehnen; doch ist seine Persönlichkeit möglicherweise nicht schillernd und dramatisch genug, um Sie dauerhaft zu fesseln.

**Löwe und Löwe**
Zwei warmherzigen Löwen fällt es nicht schwer, das Leben gemeinsam zu genießen. Passen Sie aber auf, dass Sie nicht beide darauf aus sind, allen Ruhm und alle Aufmerksamkeit allein zu ernten.

*Sonnenblumen sind Löwe-Blumen.*

**Löwe und Jungfrau**
Die bescheidene, zurückhaltende Jungfrau wird Sie gern bedienen und mit Aufmerksamkeit überschütten. Ihr ausgeprägter Hang zum Kritisieren gefällt Ihnen dafür umso weniger.

*Der Jungfrau sind kleine, leuchtende Blumen zugeordnet.*

*Hortensien sind die Blumen der Waage.*

**Löwe und Waage**
Die taktvolle, besonnene Waage wird Ihnen schmeicheln und Komplimente machen. Sie ermutigen sie dafür zu mehr Dynamik und Aktivität – gute Voraussetzungen für eine perfekte Beziehung.

*Das Geißblatt gehört zum Skorpion.*

**Löwe und Skorpion**
Die Leidenschaft und Energie des Skorpions passt zu der Ihren, wenn sie auch ganz anders geartet ist. In dieser Beziehung kann es öfter stürmisch werden – dafür werden Sie sich bestimmt nie langweilen.

**Löwe und Schütze**

Zwei optimistische, warmherzige Feuerzeichen, die viel gemeinsam haben und sorglos und zufrieden zusammen leben können. Der redliche Schütze gleicht die gelegentliche Überheblichkeit des Löwen aus.

*Nelken werden vom Schützen regiert.*

**Löwe und Steinbock**

Sie sind beide ehrgeizig und wollen Erfolg haben. Der fröhliche, optimistische Löwe mäßigt den Pessimismus des Steinbocks, der dafür mehr gesunden Menschenverstand einbringt.

*Stiefmütterchen sind die Blumen des Steinbocks.*

*Orchideen gehören zum Wassermann.*

**Löwe und Wassermann**

Der kühle, unabhängige Wassermann kann mit Ihrer Leidenschaft und Ausgelassenheit nichts anfangen. Sie haben wenig gemeinsam und müssen für eine erfolgreiche Beziehung hart arbeiten.

*Der Schneeball wird von den Fischen regiert.*

**Löwe und Fische**

Leidenschaft, Dramatik, Gefühl – diese Beziehung werden Sie nie vergessen. Der verträumte Fisch überhäuft Sie mit Aufmerksamkeit und Ihre Wärme gibt dem Selbstbewusstsein der Fische Auftrieb.

# MENÜS FÜR VERLIEBTE

MIT EINEM EXQUISITEN ESSEN NAHM SCHON SO MANCHE LIEBESBEZIEHUNG IHREN ANFANG. LESEN SIE, MIT WELCHEM MENÜ SIE GARANTIERT BEI JEDEM STERNZEICHEN AUFMERKSAMKEIT UND VERLANGEN WECKEN KÖNNEN.

*Löwen lieben exklusive und ausgefallene Gerichte wie Birnen in Rotwein.*

## Menüs für Verliebte

### Für Widder

*Scharfe Currysuppe*

·

*Pfeffersteak*

·

*Flambiertes Eis*

### Für Stiere

*Blumenkohlcremesuppe*

·

*Tournedos Rossini*

·

*Mousse au Chocolat mit Brandy*

### Für Zwillinge

*Meeresfrüchtesalat mit Avocados*

·

*Pikantes Schweinegeschnetzeltes mit Ingwer*

·

*Zabaione*

### Für Krebse

*Artischocke mit Sauce Vinaigrette*

·

*Seezunge Hausfrauenart*

·

*Mandelsoufflé*

# Menüs für Verliebte

## Für Löwen

*Geröstete Tomaten-Knoblauch-Suppe*

·

*Bœuf Stroganoff*

·

*Birnen in Rotweinsauce*

## Für Jungfrauen

*Auberginensalat*

·

*Paella*

·

*Französische Apfel-Tarte*

## Für Waagen

*Spargel mit Sauce Hollandaise*

·

*Schweinesteak mit Bratäpfeln*

·

*Erdbeeren mit Grand Marnier*

## Für Skorpione

*Vichyssoise*

·

*Hummer Newburg*

·

*Schwarze Johannisbeercreme*

## Für Schützen

*Geeiste Gurkensuppe*

·

*Zwiebelkuchen*

·

*Rhabarberauflauf mit frischer Sahne*

## Für Steinböcke

*Eier Florentiner Art*

·

*Schweinefilet gefüllt mit Salbei*

·

*Ananas mit Grand Marnier*

## Für Wassermänner

*Brunnenkressesuppe*

·

*Hühnchen mit Chili und Limone*

·

*Zitronensoufflé*

## Für Fische

*Französische Zwiebelsuppe*

·

*Forelle in Roséwein*

·

*Melonensorbet*

# REISEZIELE FÜR VERLIEBTE

HABEN SIE IHREN TRAUMPARTNER EROBERT, GIBT ES NICHTS SCHÖNERES ALS EINEN ROMANTISCHEN URLAUB ZU ZWEIT. LERNEN SIE UNTER BERÜHMTEN STÄDTEN UND IDYLLISCHEN STRÄNDEN DAS TRAUMZIEL EINES JEDEN STERNZEICHENS KENNEN.

EIFFELTURM, PARIS

**Widder**

*Die perfekt restaurierten Renaissance-Paläste und -Kirchen von Florenz sind das richtige Ambiente für verliebte Widder.*

**Stier**

*Der ruhige, friedfertige Stier bevorzugt die natürliche Ruhe und unverdorbene Atmosphäre des Landlebens in Irland.*

**Zwillinge**

*Der lebhafte, ruhelose Zwilling fühlt sich in der schnelllebigen Atmosphäre der Weltmetropole New York ganz zu Hause.*

**Krebs**

*Venedigs einzigartig romantisches Flair mit seinen Kanälen weckt die Leidenschaft und Phantasie des Wasserzeichens Krebs.*

BASILIUS-KATHEDRALE, MOSKAU

AYERS ROCK/ULURU, AUSTRALIEN

**Löwe**

*Der pittoreske Charme und die mittelalterliche Stimmung Prags entfachen im Löwen immer wieder neue Leidenschaft.*

**Jungfrau**

*Die eleganteste und romantischste aller Städte, Paris, ist der ideale Liebesort für die kultivierte, wählerische Jungfrau.*

**Waage**

*Die fremdartig-exotische Atmosphäre von Oberägypten ist die perfekte Kulisse, um die feinsinnige Waage zu erobern.*

**Skorpion**

*Den heißblütigen Skorpion zieht die prickelnd-lebendige Ausstrahlung von New Orleans in seinen Bann.*

**Schütze**

*Die endlose Weite des australischen Hinterlands ist genau das Richtige für den freiheitsliebenden und naturverbundenen Schützen.*

**Steinbock**

*Die historischen Monumente der russischen Hauptstadt Moskau werden den Steinbock faszinieren und inspirieren.*

**Wassermann**

*Der draufgängerische Wassermann wird von der ungewöhnlichen, einzigartigen Landschaft Indiens begeistert sein.*

**Fische**

*Den wasserbegeisterten Fisch zieht es immer wieder ans Meer, zum Beispiel auf eine kleine Mittelmeerinsel.*

DIE PYRAMIDEN, ÄGYPTEN

GONDELN IN VENEDIG

TADSCH MAHAL, INDIEN

# VENUS & MARS

Die hell leuchtende Venus und der feurig rote Mars wurden immer schon mit Liebe und Leidenschaft verbunden. Beide Planeten üben einen grossen Einfluss auf unser Liebesleben und unsere Beziehungen aus.

Die Astrologie hat ihre Wurzeln in einer Zeit, lange bevor die Menschheit anfing ihre Geschichte aufzuzeichnen. Die frühesten Funde - Knochen, auf denen die Mondphasen eingeritzt wurden - sind älter als jedes Alphabet oder anderes Schriftzeichensystem.

Den Planeten Venus und Mars maß man in der Astrologie von jeher große Bedeutung bei. Dies machen erste Versuche in den Anfängen der Astrologie, die Einflüsse der beiden Planeten auf die Menschen aufzuzeichnen, deutlich. Jahrhunderte später wurden die Planetenpositionen sorgfältig in persönlichen Horoskopen notiert. Die früheste bekannte Aufzeichnung stammt aus dem Jahre 410 v. Chr.:

»Venus stand im Stier und Mars in den Zwillingen«.

Der hell leuchtende Planet Venus repräsentiert den Einfluss der Seele auf unseren Körper. Er ist verantwortlich für das reine, sublimierte, »romantische« Gefühl ohne sexuelles Verlangen. Er regiert so unsere Spiritualität und die platonischen Seiten unserer Liebesbeziehungen.

Der Planet Mars beeinflusst dagegen die körperlichen Aspekte unseres Lebens – unsere Stärke, physisch wie psychisch, unsere Ausdauer und unsere Fähigkeiten im Kampf ums Überleben. Er wirkt stark auf den Geschlechtstrieb von Männern und Frauen ein, er regelt unsere körperliche Energie, Sexualität und unser Begehren.

Als Planet, dessen Umlaufbahn zwischen Erde und Sonne liegt, zählt Venus zu den »unteren« Planeten. Sie kreist eng um die Sonne und inner-

**Die Liebe erobert alles.**

*In Botticellis »Venus und Mars« wurde die kriegerische, feurige Macht des Kriegsgottes Mars vom sanften Charme der Venus, Göttin der Liebe, besiegt.*

halb des Tierkreises steht sie immer in einem Zeichen nahe der Sonne. Zum Zeitpunkt Ihrer Geburt kann sie daher auch nur in einem von fünf möglichen Zeichen gestanden haben: in Ihrem Sonnenzeichen oder in den beiden Zeichen davor oder danach. Wenn also bei Ihrer Geburt die Sonne im Löwen stand, kann Venus nur in Zwilling, Krebs, Löwe, Jungfrau oder Waage gestanden haben.

Demgegenüber gilt Mars als »oberer« Planet. Er kreist auf der der Sonne abgewandten Seite der Erde und kann deshalb zum Zeitpunkt Ihrer Geburt in jedem der zwölf Zeichen gestanden haben.

Auf den folgenden Seiten 24-45 wird beschrieben, wie Mars und Venus auf unser Gefühls- und Sexualleben Einfluss nehmen. Um herauszufinden, in welchem Tierkreiszeichen die Planeten zum Zeitpunkt Ihrer Geburt standen, schlagen Sie bitte in den Tabellen auf Seite 52-61 nach. Dann blättern Sie zurück zu Seite 24 und lesen weiter.

# IHR GEFÜHLSLEBEN

DER PLANET VENUS STEHT FÜR LIEBE, HARMONIE UND ÜBEREINSTIMMUNG. (AUF SEITE 52-57 LESEN SIE, IN WELCHEM TIERKREISZEICHEN DIE VENUS BEI IHRER GEBURT STAND.)

## VENUS IN DEN ZWILLINGEN

Wenn Venus in den Zwillingen steht, zeigt sie sich lebhaft und frivol und verleiht Ihrem Liebesleben Leichtigkeit und Spaß.

Verliebte Löwen sind ebenso leidenschaftlich wie emotional und stürzen sich häufig blind und rückhaltlos in eine Affäre. Diese Impulsivität kann geradezu als Rezept für Katastrophen gelten. Andererseits haben Sie mit Venus in den Zwillingen Herzensangelegenheiten gegenüber eine etwas lockerere und entspanntere Haltung und werden daher seltener über Liebeskummer zu klagen haben.

Durch den Einfluss der Zwillinge bekommt der Aspekt der Freundschaft besonderes Gewicht in Ihren Beziehungen. Sie haben einen lebhaften, agilen Verstand und keine Beziehung wird Aussicht auf Erfolg haben, wenn sie nur auf körperlicher Anziehung beruht – geistiger Austausch und gemeinsame Interessen spielen bei Ihnen eine ebenso wichtige Rolle. Sie teilen sich gern mit und Diskussionen mit Ihnen sind lebendig und anregend.

Der Einfluss der Zwillinge kann bewirken, dass Sie möglicherweise mehr flirten und kokettieren als die meisten Löwen. Zwillinge lieben die Abwechslung und alles Neue und Venus weckt in Ihnen vielleicht die Sehnsucht nach Spannung und Zerstreuung. Sie lieben das Leben und Ihr Partner muss genauso lebhaft und begeisterungsfähig sein, wenn Ihre Beziehung Bestand haben soll. Denn verblasst erst einmal der Glanz und zieht der Alltagstrott

ein, werden Sie sich sonst wohl bald nach etwas Neuem umsehen.

Der belebende, elektrisierende Einfluss der Zwillinge dürfte Ihren angeborenen Löwe-Überschwang noch steigern. In Gesellschaft sind Sie ganz in Ihrem Element. Einsamkeit und Abgeschiedenheit sind nichts für Sie. Ihr Partner wird vielleicht gekränkt sein über Ihre Unlust auf gemütliche Abende zu zweit, aber mit etwas Glück versteht er, dass Ihr Drang unter Leuten zu sein die Liebe zu ihm nicht mindert.

Zum Schluss noch ein kleiner Tipp. Löwen können ziemlich autoritär und selbstherrlich sein. Sie beharren häufig steif und fest darauf, nur sie selbst wüssten am besten, wie etwas getan werden muss. Gestehen Sie Ihrem Partner auch eine eigene Meinung zu, sonst wird es bald vorbei sein mit der Ausgewogenheit in Ihrer Beziehung.

# VENUS IM KREBS

Löwen mit Venus im Krebs sind gefühlvoll, romantisch, sensibel und ausgesprochen hingebungsvolle und zärtliche Liebhaber. Sie haben einen starken Beschützerinstinkt und würden Ihre/n Liebste/n am liebsten ständig verwöhnen und auf Händen tragen. Sie sollten aber darauf achten, nicht zu sehr in diese Rolle zu verfallen oder zu anhänglich zu werden, da sich Ihr Partner sonst eingeengt fühlen könnte. Achten Sie darauf, dass Sie Ihrem Partner gegenüber nicht in eine Elternrolle schlüpfen, da dies Ihrer Leidenschaft und Romantik nicht eben förderlich wäre.

Sie sind sehr idealistisch und wollen zu Ihrem Partner aufblicken können. Wenn Sie sich verlieben, neigen Sie dazu, den Partner erst einmal auf ein Podest zu stellen. Treten dann im Laufe der Zeit unweigerlich Fehler zu Tage, sind Sie verletzt und Ihr Weltbild erhält einen Knacks. Zwingen Sie den Partner nicht nach Ihren Erwartungen zu leben – das wäre nicht fair.

Durch die Verbindung von Krebs und Löwe sind Sie wahrscheinlich sehr warmherzig und liebevoll. Vielleicht halten Sie sich sogar für ausgesprochen sentimental und empfindlich. Sowohl Krebse als auch Löwen sind schnell verletzt und eine achtlos hingeworfene Bemerkung kann Sie tief treffen. Der Einfluss des Krebses kann Sie auch launisch machen, und wenn Sie mit sich und Ihren Gefühlen nicht im Einklang sind, kann Ihre scharfe Zunge recht verletzend wirken. Lassen Sie dann Ihren Frust nicht an Freunden und Familie aus. Glücklicherweise sind Sie als Löwe ziemlich fröhlich und ausgewogen, so dass Ihr Optimismus bald wieder die Oberhand gewinnen wird.

Ihr Hang zum Diktatorischen wird durch den besänftigenden Einfluss der Venus im Krebs abgeschwächt. Sie nutzen stattdessen

Ihre Intuition und Ihren Scharfsinn um das durchzusetzen, was Sie für richtig halten.

Mit der Sonne im Löwen haben Sie einen Hang zum Übertreiben von Situationen, den Sie allerdings kritisch im Auge behalten sollten, denn ständige Szenen und Melodramen können Ihrem Partner auf Dauer gehörig auf die Nerven gehen. Widerstehen Sie Ihrem Hang zur Theatralik und konzentrieren Sie sich lieber darauf, Ihre starken Gefühle ehrlich und positiv zum Ausdruck zu bringen.

Der Einfluss des Krebses macht Ihre Gefühle aber auch lebhaft und unbeständig und deshalb ist Ihnen ein sicheres Zuhause sehr wichtig. Sie werden viel Zeit und Energie darauf verwenden, sich und Ihrem Partner ein Heim zu schaffen, und für Sie wird dieses Zuhause Ihr persönliches Paradies sein.

# VENUS IM LÖWEN

Wenn Venus und Sonne im Zeichen des Löwen stehen, treten die klassischen Merkmale des Löwen noch stärker zu Tage.

Sie sind offen, überschwänglich und warmherzig, und es fällt Ihnen nicht schwer, Menschen, die Ihnen gefallen, in Ihren Bann zu ziehen. Wenn Sie sich verlieben, erscheint Ihnen Ihr Partner als der Inbegriff der Perfektion; Sie sind stolz auf alles, was er erreicht, und ermutigen ihn zu immer höherer Leistung. Setzen Sie Ihren Partner nicht ungewollt zu starkem Erfolgsdruck aus, denn wenn es ihm zu viel wird, könnte es sein, dass er sich von Ihnen zurückzieht.

Vielleicht müssen Sie sich auch beherrschen, dass Sie nicht das Leben Ihres Partners selbst in die Hand nehmen. Löwen neigen dazu, ihren Partner dominieren zu wollen, und das Zusammentreffen von Venus und Sonne im Löwen fördert dies noch. Achten Sie darauf, dass Ihnen die Kontrolle nicht entgleitet, unterdrücken Sie Ihre Neigung den Chef zu spielen und versuchen Sie's lieber mit Takt und Diplomatie.

Sie sind ein feuriger, aufregender Liebhaber und überschütten Ihren Partner mit Aufmerksamkeit und Liebe. Ihre überschwänglichen Gefühle bringen Sie bedingungslos zum Ausdruck, manchmal so dramatisch, dass Sie und Ihr Partner sich im Zentrum des allgemeinen Interesses wiederfinden. Eine bescheidenere, zurückhaltendere Persönlichkeit könnte sich angesichts Ihrer übermäßigen Komplimente und ausgelassenen körperlichen Liebesäußerungen unwohl fühlen. Ihre Aufmerksamkeiten könnten sogar peinlich und übertrieben wirken. Versuchen Sie zu verstehen, dass nicht jeder so eine Vorliebe für Dramatik hat und dass Ihr Überschwang auch abschrecken kann. Der Löwe regiert das Herz

und macht Sie daher zu einem überaus großzügigen Menschen, finanziell wie emotional. Sie lieben den Luxus und werden Ihren Partner gern in die exklusivsten und elegantesten Lokale ausführen.

Freundschaft bedeutet dem Löwen sehr viel, und bevor Sie jemand zu Ihren wahren Freunden zählen, geht einige Zeit ins Land. Stehen Sie aber jemandem nahe, so sind Sie äußerst treu und loyal. Sie sind ein ausgezeichneter Zuhörer und Ihre Freunde wenden sich in Krisenzeiten an Sie, denn sie wissen, dass sie sich bei Ihnen ausweinen können und Sie immer einen hilfreichen und ehrlichen Rat für sie haben. Halten Sie sich aber im Zaum und sagen Sie Ihren Freunden nicht, was sie tun müssen. Denken Sie daran, dass die Grenze zwischen Freundschaft und Schulmeisterei schnell überschritten ist.

# Venus in der Jungfrau

Für den Löwen kann sich die Position von Venus in der Jungfrau sehr vorteilhaft auswirken. Sie lässt Sie Ihre Partner gezielter und klüger auswählen anstatt sich Hals über Kopf in den nächstbesten Kandidaten zu verlieben, wie das viele Löwen tun.

Der Einfluss der Jungfrau dürfte Ihnen auch Vernunft und Zurückhaltung bescheren, so dass der jungfräuliche Perfektionismus in Ihrer Persönlichkeit zum Tragen kommt und sich mit der angeborenen Romantik des Löwen verbindet. Hinter dem praktischen, vernünftigen Äußeren verbirgt sich dann ein hoffnungsloser Romantiker mit einem Kopf voll idealistischer Träume von Ritterlichkeit und wahrer Liebe.

Der Einfluss der Jungfrau könnte Sie Ihrem Partner gegenüber eine ziemlich kritische Haltung einnehmen lassen, und da Löwen in der Partnerschaft gerne das Ruder übernehmen, sollten Sie darauf achten, nicht zu viel zu nörgeln und herumzukritisieren. Auch wenn Sie das überrascht: Die meisten Leute sind nicht sonderlich begeistert, wenn ihnen ihre Fehler ständig vorgehalten werden, und Ihr Verhalten könnte einer ansonsten perfekten Beziehung großen Schaden zufügen. Bringen Sie Ihre Kritik lieber konstruktiv und taktvoll an.

Der Einfluss der Jungfrau könnte Sie dazu verleiten, ständig Ihre Gefühle zu analysieren, was spontane Gefühlsäußerungen verhindert und Sie kühler und distanzierter wirken lässt als die meisten anderen Löwen. Die Jungfrau kann Ihren löwenhaften Überschwang nicht niederschlagen, ihn wohl aber drosseln. Deshalb beschwören Sie auch nicht jene dramatischen Szenen herauf, die die anderen Löwen so lieben, aber nicht, weil Sie weniger lieben oder leidenschaftsloser wären, son-

dern weil Ihnen schlicht der Hang zu Dramatik und Theatralik fehlt.

In Ihrer Persönlichkeit könnte ein leichter Hang zu Launenhaftigkeit stecken, was Ihrem Partner gelegentlich eine Fahrt auf der Gefühlsachterbahn beschert. Auch wenn Sie sich nicht sehr ausdrucksvoll darstellen können, sollten Sie doch Ihre Gefühle in Worte fassen und Ihrem Partner sagen, wo Sie der Schuh drückt.

Sie nennen niemanden Ihren Freund, bevor er sich nicht Ihr Vertrauen und Ihren Respekt verdient hat. Das dauert vielleicht einige Zeit, aber wenn Sie sich für jemanden entschieden haben, sind Sie ein loyaler Freund. Das Gleiche kann man über Ihr Liebesleben sagen. Erst lassen Sie Vorsicht walten, aber wenn Sie sich einmal entschieden haben, sind Sie ein liebevoller, hilfsbereiter und verlässlicher Partner.

# VENUS IN DER WAAGE

Was die Waage am meisten braucht, ist die Beziehung zu einem anderen menschlichen Wesen, und mit der Venus in der Waage ersehnen auch Sie sich für ein glückliches und erfülltes Leben die Freundschaft und Liebe eines Gefährten fürs Leben.

Diese Sehnsucht nach einer ernsthaften Beziehung, kombiniert mit Ihrem Löwe-Ungestüm, kann Ihnen allerhand Schwierigkeiten machen. Es verleitet Sie dazu, jegliche Vorsicht über Bord zu werfen und sich mit wehenden Fahnen in eine Beziehung zu stürzen. Dieser Gefühlstaumel führt schnell zur Ernüchterung, wenn Sie herausfinden, dass Sie und Ihr Partner entgegen Ihren Erwartungen doch nicht zusammenpassen. Versuchen Sie mehr Zurückhaltung zu üben – das erspart Ihnen jede Menge Liebeskummer.

Der dämpfende Einfluss der Waage sorgt dafür, dass Sie weniger karrierebesessen und lockerer sind als die meisten Löwen. Sie sehnen sich nach einem ruhigen Leben und neigen dazu, Unstimmigkeiten und Ärger lieber aus dem Weg zu gehen anstatt sich mit der Leidenschaftlichkeit und dem Selbstbewusstsein des Löwen zu behaupten. Doch gilt diese Abneigung Konflikten gegenüber nicht für Ihre Herzensbeziehungen. Hier könnte es sogar sein, dass Sie gelegentlich Streit heraufbeschwören, wenn auch nur um sich danach umso ausgiebiger wieder versöhnen zu können. Versuchen Sie aber solche Szenen zu vermeiden, da diese mehr Schaden anrichten könnten, als Sie vorher vielleicht vermutet hätten.

Mit Venus im Zeichen der Waage haben Sie ein angeborenes Gespür für schöne Dinge. Ein geschmackvolles Zuhause ist Ihnen sehr wichtig, und Sie lieben es, Ihren Partner in einer luxuriösen und eleganten Um-

gebung zu verwöhnen. Sie sind emotional wie finanziell äußerst großzügig und Knausern und Sparen ist nicht Ihre Sache. Übertreiben Sie es aber nicht, sonst leben Sie bald weit über Ihren Verhältnissen.

Durch den besänftigenden Einfluss der Waage sind Sie freundlich, hilfsbereit und verständnisvoll und stets bereit Ihrem Partner zuzuhören und seine Probleme mit ihm zu diskutieren. Der Takt, die Toleranz und das liebevolle Verständnis, die Venus in der Waage Ihnen verleiht, verbinden sich mit den soliden Eigenschaften des Löwen und machen Sie zu einem besonders verlässlichen und liebevollen Freund.

Venus in der Waage verstärkt die besten Eigenschaften des Löwen und lässt Sie in der Liebe besonders romantisch und zärtlich sein – gute Voraussetzungen für eine glückliche und erfolgreiche Beziehung.

# IHR SEXUALLEBEN

DER PLANET MARS BEEINFLUSST DIE KÖRPERLICHE, SEXUELLE ENERGIE. (AUF SEITE 58-61 LESEN SIE, IN WELCHEM TIERKREISZEICHEN DER MARS BEI IHRER GEBURT STAND.)

## MARS IM WIDDER

Energie, Beharrungsvermögen und Betonung des Geschlechtstriebs, die den Mars im Widder üblicherweise charakterisieren, steigern Ihre Libido und Ihre löwetypische warmherzige Zärtlichkeit für Ihren Partner.

Ihre Freude am Sex bezaubert den Partner und verleiht Ihren Spielen, die Sie voll und ganz genießen, den Charakter zärtlicher Ausgelassenheit. Ihr Widder-Feuer und die Intensität Ihrer Leidenschaft könnte den Partner jedoch zuweilen überfordern.

Können Sie Ihren Hunger nach Sex nicht stillen, werden Sie leicht reizbar und frustriert. Denken Sie daran: Auch mit körperlich anstrengenden Sportarten können Sie überschüssige Energien abbauen.

# MARS IM STIER

Im Zeichen des Stiers steigert Mars sowohl Ihren Geschlechtstrieb als auch Ihre warmherzige Sinnlichkeit dem Partner gegenüber. Jedoch kann er auch Ihr Besitzdenken verstärken.

Sie brauchen ein aktives und unkompliziertes Sexualleben, denn Sie haben viel Zärtlichkeit zu geben und müssen Ihre erdhafte, starke Sinnlichkeit ausleben können.

Der Stiereinfluss verleiht Ihnen eine gehörige Portion Geduld und macht Sie ruhig und friedfertig, aber wenn Ihr Temperament erst einmal erwacht ist, dann ist es nur schwer wieder einzudämmen. Sorgen Sie dafür, dass Zorn nicht in Aggressionen umschlägt.

Mars schenkt Ihnen Hartnäckigkeit und Entschlossenheit, wodurch Sie anfallende Pflichten schnell und gründlich erledigen können. Doch Ihre gesteigerte Entschlossenheit ist nicht immer nur von Vorteil – Sie können auch ganz schön stur sein. Selbst wenn Sie überzeugt sind, dass Sie allein Recht haben, sollten Sie Ihren Partner ebenfalls zu Wort kommen lassen.

# MARS IN DEN ZWILLINGEN

Als Löwe neigen Sie dazu, sich Hals über Kopf zu verlieben, und auch der Einfluss der Zwillinge kann da nicht helfen. Sie stürzen sich spontan in Affären und gehen davon aus, dass Ihre Beziehung rasch vorankommt.

Obwohl Löwen sinnlich und warmherzig sind, ist ihr Geschlechtstrieb in der Regel nicht stark ausgeprägt. Dennoch schafft Mars es, Ihrem Liebesleben Schwung zu geben, obwohl die Zwillinge ein eher kühles Zeichen sind. Ihre Einstellung zu Sex ist locker und unkompliziert. Sie sind ein lebhafter Partner, voller Energie und Experimentierlust. Ihre Beziehungen werden vielleicht nicht gerade brodeln vor Leidenschaft, dafür werden Sie viel Spaß haben.

In einer festen Beziehung setzen Sie alles daran, dass sie unterhaltsam und abwechslungsreich bleibt. Sie lieben Aufmerksamkeit und Bewunderung und sind kleinen Flirts nicht abgeneigt. Ihr Partner dürfte darüber nicht gerade begeistert sein, speziell wenn er zur Eifersucht neigt. Besänftigen Sie ihn mit Ihrem Charme.

# MARS IM KREBS

Wenn Mars im Krebs steht, wirkt sich die kraftvolle Energie des Planeten besonders auf Ihre Gefühle aus. Sie sind ein zärtlicher und sinnlicher Partner, der intuitiv weiß, wonach Ihr Partner sich sehnt, und versucht alle geheimen Wünsche zu erfüllen.

Unter dem Einfluss des Krebses können Sie auch manchmal sensibel und launisch reagieren. Gefühlsausbrüche sind dann keine Seltenheit. In der Hitze des Gefechtes neigen Sie dann dazu, Dinge zu sagen, die besser ungesagt geblieben wären. Sie wissen genau, wo Sie jemanden treffen können, und Ihre Seitenhiebe sitzen garantiert.

Sie sind ein fürsorglicher und liebevoller Partner, sollten sich aber davor hüten, zu anhänglich zu sein. Wenn Mars im Krebs steht, besteht die Gefahr, dass die Beziehung besitzergreifende Züge entwickelt. Versuchen Sie dem entgegenzusteuern oder Sie treiben Ihren Partner aus dem Haus anstatt ihn an sich zu binden.

# MARS IM LÖWEN

Mars und Sonne im Löwen verheißen Energie, Begeisterungsfähigkeit und Anregung. Sie sind der geborene Führer, verfügen über reichlich Charisma und herausragendes Organisationstalent.

Sie genießen Ihre warme, sinnliche Löwe-Sexualität voll, und Ihr Liebesleben ist ebenso leidenschaftlich wie befriedigend. Sie legen viel Wert auf das richtige Ambiente und tun alles, um für Ihren Partner eine einladende, romantische Atmosphäre zu schaffen, um ihn zu verführen.

Wer mit Sonne und Mars im Löwen geboren wurde, wirkt leicht anmaßend und neigt dazu, andere beherrschen zu wollen, vor allem, wenn diese stiller oder weniger durchsetzungsfähig sind. Seien Sie zu Ihrem Partner nicht zu dominant oder selbstherrlich.

Sie haben einen großen Selbstdarstellungstrieb und müssen immer im Mittelpunkt stehen. Versuchen Sie Ihr Ego in den Griff zu bekommen, denn sonst werden Sie Ihrem Partner bald gehörig auf die Nerven gehen.

# MARS IN DER JUNGFRAU

Mars in der Jungfrau übt einen stark kritischen und analytischen Einfluss aus. Die hitzigen, ungestümen Elemente Ihrer Persönlichkeit werden zurückgedrängt und Sie gewinnen eine vernünftigere, vorsichtigere Lebenseinstellung. Lassen Sie aber nicht zu, dass Ihr jungfräulicher Scharfblick Ihren Löwe-Enthusiasmus unterdrückt.

Beim Sex ist Ihnen Qualität wichtiger als Quantität. Sie sind zwar aufgeschlossen und sinnlich in der Liebe, könnten aber wegen Ihrer jungfrautypischen Bescheidenheit und Schüchternheit Hemmungen haben, Ihre Sexualität auszuleben. Versuchen Sie die wollüstigen Instinkte, die Mars in diesem sinnlichen Erdzeichen wecken kann, nicht zu unterdrücken.

Jungfrauen arbeiten besonders hart und pflichtbewusst, es fällt ihnen schwer zu entspannen und sie leiden unter Schuldgefühlen, wenn sie einmal die Füße hochlegen oder ein Nickerchen machen. Machen Sie sich einfach das Entspannen zur Pflicht; dann fällt es Ihnen hoffentlich leichter abzuschalten.

# MARS IN DER WAAGE

Der besänftigende Einfluss der Waage könnte Ihre natürliche Löwe-Energie schwächen und Sie dazu verleiten, anstrengenden sexuellen Aktivitäten möglichst aus dem Weg zu gehen. Er könnte Sie träge und lethargisch machen, so dass die Aussicht auf eine heiße Liebesnacht Sie nicht gerade vom Stuhl reißt.

Haben Sie aber erst Ihr Anfangstief überwunden, steigert Mars Ihre Sexualität. Sie können alle Energiereserven mobilisieren und sind leidenschaftlich und begeisterungsfähig.

Wahrscheinlich sind Sie auch sehr romantisch veranlagt und verlieben sich gern auf den ersten Blick. Versuchen Sie sich nicht unüberlegt in eine Affäre zu stürzen, denn Sie neigen zu Illusionen und sind schnell enttäuscht, wenn es dann schief geht.

Wenn Sie zulassen, dass der Waage-Einfluss die sanfteren Elemente Ihrer Löwe-Sexualität stimuliert anstatt sie zu schwächen, werden Liebenswürdigkeit und Sanftmut Ihre persönliche Anziehungskraft und Ausstrahlung noch steigern.

# MARS IM SKORPION

Wo die kraftvolle Energie des Skorpions auf die geistreiche, dynamische Persönlichkeit des Löwen trifft, sprühen die Funken.

Aus dem mächtigen Wasserzeichen heraus steigert der Planet die sexuelle Kraft und Genussfähigkeit des Löwen ganz gewaltig. Das ist ein großes Geschenk, und Sie sollten sicherstellen, dass Sie Ihre sexuelle Energie auch wirklich lohnend und für Sie befriedigend einsetzen, denn sonst werden Sie schnell frustriert sein.

Löwe und Skorpion sind beide sehr emotionale Zeichen und machen Sie zu einem leidenschaftlichen und zärtlichen Liebhaber. Dennoch wird Ihre Beziehung oft von Stürmen und dramatischen Auseinandersetzungen gebeutelt werden.

Eifersucht ist eigentlich kein typisches Merkmal des Löwen; unter dem Skorpion-Einfluss könnte sie jedoch auftreten. Mit Hilfe Ihrer fröhlichen, optimistischen Lebenseinstellung sind Sie in der Lage dieses Problem zu meistern.

# MARS IM SCHÜTZEN

Diese Konstellation gibt Ihrer Energie enormen Auftrieb; Sie brauchen einen temperamentvollen Partner, um Ihre überschüssigen Energiereserven abzubauen.

Der Schütze-Einfluss könnte dafür sorgen, dass Sie rastlos, ungeduldig und immer auf der Suche nach neuen Anregungen sind. Sie langweilen sich schnell, und wenn Ihre Beziehung je in Routine ausartet, könnte es sein, dass Sie sich auf Affären einlassen oder Ihren Partner wegen eines anderen im Stich lassen.

Löwen sind eher konventionelle Typen; unter Schütze-Einfluss könnte es jedoch sein, dass Sie gelegentlich ein schrulliges Verhalten an den Tag legen. Vielleicht macht es Ihnen ja Spaß, Leute zu schockieren, die konventioneller oder kleinkarierter sind als Sie. Ein konservativer Partner könnte Ihr Verhalten auf Dauer sehr übel nehmen.

Wenn Sie einen Partner finden, der Sie geistig und körperlich gleichermaßen stimuliert, werden Sie rundum glücklich werden.

# MARS IM STEINBOCK

Als Löwe-Geborener mit Mars im Steinbock werden Sie Ihre grenzenlose Löwe-Energie in harte Arbeit und in Ihr Fortkommen stecken und zusehen, dass Sie überall der oder die Beste sein werden.

Auch in der Liebe werden Sie darauf aus sein, den ersten Preis zu erobern. Sie können sehr hartnäckig sein, und auf wen auch immer Sie es abgesehen haben, er kann beruhigt sofort die Waffen strecken.

In einer festen Beziehung entpuppen Sie sich als liebevoller, treuer und humorvoller Partner. Investieren Sie aber nicht zu viel Zeit in Ihre Karriere, sonst könnte es sein, dass Ihr Partner bald nur noch die zweite Geige spielt.

Durch den Steinbock-Einfluss sind Sie ein robuster, unkomplizierter Partner mit einem starken Geschlechtstrieb. Sie mögen anfangs vorsichtig sein, wenn es darum geht, eine Beziehung einzugehen; doch dann, wenn diese Verbindung gefestigt ist, sind Sie ein feuriger und leidenschaftlicher Gefährte, der alles tun wird, um seinen Partner glücklich zu machen.

# MARS IM WASSERMANN

Diese Konstellation ist nicht gerade dazu angetan, Ihre erotische Ausstrahlung zu steigern. Im Gegenteil, Ihr Löwe-Feuer könnte ziemlich unterkühlt wirken. Wenn man Sie daher auch nicht für besonders leidenschaftlich hält, haben Sie doch Spaß am Sex und experimentieren gern. Mars fördert auch Ihr Löwe-Bestreben, den Partner glücklich zu machen.

Mars gibt Ihrer Persönlichkeit einen etwas exzentrischen, unkonventionellen Touch; unter Wassermann-Einfluss Geborene sind nämlich oft ungewöhnlich originelle Menschen. In der Liebe macht Sie das zu einem faszinierenden, stets von neuem überraschenden Partner. Eine Spur Eigensinn ist dabei; doch das dürfte einem Löwen keine Probleme bereiten.

Der Mars im Wassermann fördert Freiheit und Unabhängigkeit. Deshalb könnte es Ihnen auch widerstreben, sich festzulegen. Mit etwas Glück siegt Ihre warmherzige Löwen-Natur über diese Neigung, denn als fester Partner haben Sie eine Menge zu bieten.

# MARS IN DEN FISCHEN

Im Sternbild der Fische übt Mars einen leidenschaftlich-sinnlichen Einfluss auf Sie aus. Er schürt Ihre Gefühle und lässt Sie ein romantischer und poetischer Partner sein.

Werden Ihre Gefühle unterdrückt oder versteckt, ist die Gefahr groß, dass Sie unzufrieden und introvertiert werden. Hier zeigt sich der unschätzbare Wert der Offenheit und Ehrlichkeit des Löwen, denn Ihre tiefen, leidenschaftlichen Gefühle dürfen sich meist in einem wahren Strom ergießen.

In Ihrer Beziehung spielt Sex eine wichtige Rolle, und Sie sind ein geschickter, erotischer und phantasievoller Partner. Löwe und Fische sind großzügig und rücksichtsvoll und setzen alles daran, dass ihre Partner sexuelle Befriedigung finden.

Denken Sie daran, dass neben der körperlichen Anziehung auch eine solide Kameradschaft zu einer erfolgreichen Beziehung gehört. Sex ist nur ein Teil davon und Sie brauchen einen Partner, der zugleich Ihr bester Freund ist.

# GESCHENKE DER LIEBE

DIE ASTROLOGIE ERMÖGLICHT IHNEN NICHT NUR FASZINIERENDE EINBLICKE IN DIE PERSÖNLICHKEIT IHRES PARTNERS, SIE KANN IHNEN AUCH WERTVOLLE HINWEISE GEBEN, WELCHES DIE IDEALEN GESCHENKE FÜR IHREN PARTNER SIND.

PERUANISCHE STRICKMÜTZE

**Widder**

*Der Kopf ist der dem Widder zugeordnete Körperteil. Ein farbenfroher, origineller Hut oder außergewöhnlicher Haarschmuck werden ihm gefallen.*

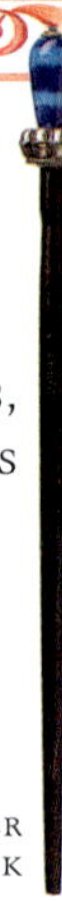

INDISCHER HAARSCHMUCK

PILLENDOSE AUS LIMOGER PORZELLAN

**Stier**

*Feines, handbemaltes Porzellan erfreuen den Stier ebenso wie handgefertigte Pralinen.*

**Zwillinge**

*Exotische Nüsse oder eine hübsche Schachtel mit gebrannten Mandeln mag der Zwilling besonders.*

BELGISCHE PRALINEN

MACADAMIA-NÜSSE

Handbemalte emaillierte Pillendose mit Sonnenmotiv

### Krebs

*Ein alter Druck mit einem Schiff oder dem Ozean ist ein ideales Geschenk für das Wasserzeichen Krebs.*

Goldkrone-Kerzenhalter

### Löwe

*Geschenke aus Gold oder in Goldfarben, aber auch alles, was als Motiv eine Sonne zeigt, gefällt dem Löwen ganz besonders.*

Druck aus dem 19. Jahrhundert

Goldener Schlüsselring

Wildhonig

Goldkette mit Herzen

### Jungfrau

*Kleine, feine Schmuckstücke gefallen der Jungfrau. Statt Süßigkeiten kann man der gesundheitsbewussten Jungfrau ein Glas edlen Honig schenken.*

## Geschenke der Liebe

Weisse Edelrose

Teurer Lippenstift

### Waage

*Teure Kosmetikartikel finden den Gefallen der luxusliebenden Waage. Auch ein üppiger Strauß weißer Rosen trifft ihren Geschmack.*

Gemusterter Ledergürtel

Parfümiertes Badeöl

### Skorpion

*Der Skorpion ist ein Wasserzeichen, und deshalb erfreuen ihn exotische Badeessenzen. Auch ein Ledergürtel gefällt ihm.*

### Schütze

*Der abenteuerlustige Schütze reist gerne und deshalb sind Reiseführer und Zubehör wie Landkarten und Kompasse genau das richtige Geschenk für ihn.*

Alte Reisebeschreibungen

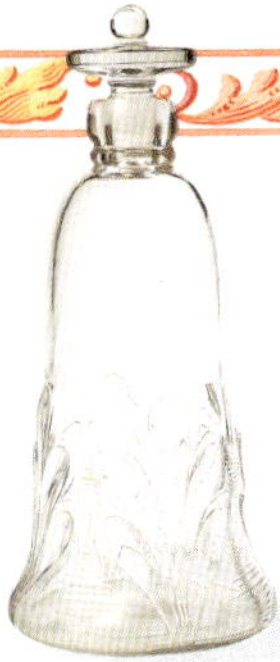

ANTIKE GLASKARAFFE

### Steinbock

*Bauchige Gläser mit schlichtem Dekor oder ein schöner antiker silberner Bilderrahmen werden den wählerischen Steinbock beeindrucken.*

SILBERNER BILDERRAHMEN

### Schmucksteine

RUBIN

*Schenken Sie Ihrem Partner den Schmuckstein, der zu seinem Sonnenzeichen passt:*

WIDDER: *Diamant*
STIER: *Smaragd*
ZWILLING: *Achat* · KREBS: *Perle*
LÖWE: *Rubin* · JUNGFRAU: *Sardonyx*
WAAGE: *Saphir* · SKORPION: *Opal*
SCHÜTZE: *Topas*
STEINBOCK: *Amethyst*
WASSERMANN: *Aquamarin*
FISCHE: *Mondstein*

WEISSE ORCHIDEE

### Wassermann

*Wollen Sie dem Wassermann Blumen schenken, sollten Sie Orchideen nehmen. Über ausgefallene Geschenke freut er sich immer.*

### Fische

*Fische freuen sich über einen weichen Seidenschal oder ein dekoratives Stück Perlmutt.*

SEIDENSCHAL

PERLMUTT

# IHRE FESTE BEZIEHUNG

LÖWEN STECKEN VOLLER ENERGIE UND BEGEISTERUNG, KÖNNEN ABER ANMASSEND WERDEN. WENN SIE IHREN PARTNER BEHERRSCHEN, GERÄT IHRE BEZIEHUNG AUS DEM GLEICHGEWICHT.

Löwen sind meist darauf bedacht, eine feste Beziehung auch vertraglich zu fixieren. Informelle Abmachungen sind ihnen häufig zu unverbindlich und nichtssagend.

Löwen mögen unkonventionell auftreten, aber tief im Herzen möchten sie sich als Teil einer Tradition fühlen. Als typischer Löwe werden Sie auf einer richtigen Hochzeit mit allem Drum und Dran bestehen – Zylinder, Champagner, Reden und allem, was sonst noch dazugehört. Selbst wenn die Umstände dies nicht erlauben, werden Sie Ihre feste Partnerschaft mit einem besonderen Fest begehen wollen.

Vergnügen und Unterhaltung sind Ihnen wichtig und auch in Ihrer Partnerschaft wollen Sie möglichst viel Spaß haben. In Gesellschaft eines Löwen wird es kaum jemals langweilig werden und Ihr Partner wird sich nicht beklagen können.

Wie knapp Sie auch bei Kasse sein mögen, Sie geben Ihr Geld mit Freuden für Ihr Vergnügen aus. Wenn Ihr Geldbeutel nur einen preiswerten Teller Nudeln und ein Glas Wein erlaubt, dann wird dieser bescheidene Genuss genauso fröhlich gefeiert, und Ihre überschwängliche, positive Wesensart macht daraus ein ebenso unvergesslich schönes Fest, als wenn Sie sich den feinsten Luxus geleistet hätten.

Löwen sind bereit, viel Zeit und Entschlossenheit in eine Beziehung zu investieren um zum gewünschten Erfolg zu kommen. Ihre Energie ist bewundernswert, aber die Gefahr besteht, dass Sie versuchen den Partner zu beherrschen. Bemühen Sie sich zuweilen auch den Standpunkt Ihres Partners zu sehen.

**Zu neuen Ufern**
*Das Gemälde von Caspar David Friedrich zeigt ein frisch vermähltes Paar, das in einem Segelschiff einer strahlenden, aber ungewissen Zukunft entgegenfährt.*

Immer nur seinen Willen durchzusetzen tut dem herrischen Löwen nicht gut – versuchen Sie in Ihrer Beziehung das Gleichgewicht zu wahren und geben Sie zuweilen auch großzügig nach, selbst wenn Ihr Partner weniger durchsetzungsfreudig ist als Sie. Geben Sie Ihrem Partner die Chance seine Meinung zu äußern und seinen Standpunkt zu vertreten. Sie könnten überrascht sein – er hat vielleicht etwas beizusteuern, das sich lohnt.

Löwen stellen ihren Partner gerne auf ein Podest, bevor sie entdecken, dass ihr Idol auch nur ein normaler Sterblicher ist. Wer zu viel erwartet, wird enttäuscht werden. Machen Sie sich nicht zu viele Illusionen – das kann Ihnen eine Menge Liebeskummer ersparen.

# VENUS- & MARS-TABELLEN

DIESE TABELLEN SAGEN IHNEN, IN WELCHEM ZEICHEN VENUS UND MARS ZUM ZEITPUNKT IHRER GEBURT GESTANDEN HABEN. AUF DEN SEITEN 24-45 KÖNNEN SIE NACHLESEN, WAS DIESE TATSACHE ÜBER IHR LIEBES- UND SEXUALLEBEN AUSSAGT.

Mit Hilfe der Tabellen auf Seite 53-61 können Sie die Positionen von Venus bzw. Mars zum Zeitpunkt Ihrer Geburt ermitteln.

Suchen Sie zuerst in der Kopfzeile der nebenstehenden Tabelle Ihr Geburtsjahr, dann, wenn Sie es gefunden haben, in der entsprechenden linken Spalte den Geburtsmonat. Im Schnittpunkt beider Linien finden Sie einige Zahlen und Tierkreissymbole. Die Zahlen und Symbole zeigen Ihnen, in welchem Zeichen der Planet am ersten Tag jenes Monats stand, und an welchem Tag er in ein anderes Zeichen wanderte.

Ein Beispiel: Um herauszufinden, in welchem Zeichen Venus am 10. Mai 1968 stand, fahren Sie mit dem Finger die Spalte des Jahres 1968 ab, bis Sie zum Monat Mai gelangen. Die dortigen Zahlen und Symbole besagen, dass Venus am 1. Mai im Widder stand, am 4. Mai in den Stier wanderte und am 28. Mai in die Zwillinge wechselte. Demnach stand die Venus am 10. Mai im Stier.

*Falls einer der Planeten an Ihrem Geburtstag in ein anderes Zeichen gewandert ist, könnte es sein, dass sich die Positionen von Venus und Mars nicht völlig präzise bestimmen lassen. Trifft die einschlägige Charakterisierung auf Sie nicht zu, lesen Sie bitte, was über das vorherige bzw. nachfolgende Zeichen gesagt wurde. Eines der Zeichen ist dann bestimmt zutreffend.*

TIERKREISZEICHEN

| | |
|---|---|
| ♈ WIDDER | ♎ WAAGE |
| ♉ STIER | ♏ SKORPION |
| ♊ ZWILLINGE | ♐ SCHÜTZE |
| ♋ KREBS | ♑ STEINBOCK |
| ♌ LÖWE | ♒ WASSERMANN |
| ♍ JUNGFRAU | ♓ FISCHE |

# Venus-Tabellen

| ♀ | 1921 | 1922 | 1923 | 1924 | 1925 | 1926 | 1927 | 1928 |
|---|---|---|---|---|---|---|---|---|
| JAN | 1 ♒ 7 ♓ | 1 ♑ 25 ♒ | 1 ♏ 3 ♐ | 1 ♒ 20 ♓ | 1 ♐ 15 ♑ | 1 ♒ | 1 ♑ 10 ♒ | 1 ♏ 5 ♐ 30 ♑ |
| FEB | 1 ♓ 3 ♈ | 1 ♒ 18 ♓ | 1 ♐ 7 ♑ 14 ♒ | 1 ♓ 14 ♈ | 1 ♑ 8 ♒ | 1 ♒ | 1 ♒ 3 ♓ 27 ♈ | 1 ♑ 23 ♒ |
| MÄR | 1 ♈ 8 ♉ | 1 ♓ 14 ♈ | 1 ♑ 7 ♒ | 1 ♈ 10 ♉ | 1 ♒ 5 ♓ 29 ♈ | 1 ♒ | 1 ♈ 23 ♉ | 1 ♒ 19 ♓ |
| APR | 1 ♉ 26 ♈ | 1 ♈ 7 ♉ | 1 ♒ 2 ♓ 27 ♈ | 1 ♉ 6 ♊ | 1 ♈ 22 ♉ | 1 ♒ 7 ♓ | 1 ♉ 17 ♊ | 1 ♓ 12 ♈ |
| MAI | 1 ♈ | 1 ♉ 2 ♊ 26 ♋ | 1 ♈ 22 ♉ | 1 ♊ 7 ♋ | 1 ♉ 16 ♊ | 1 ♓ 7 ♈ | 1 ♊ 13 ♋ | 1 ♈ 7 ♉ 31 ♊ |
| JUN | 1 ♈ 3 ♉ | 1 ♋ 20 ♌ | 1 ♉ 16 ♊ | 1 ♋ | 1 ♊ 10 ♋ | 1 ♈ 3 ♉ 29 ♊ | 1 ♋ 9 ♌ | 1 ♊ 24 ♋ |
| JUL | 1 ♉ 9 ♊ | 1 ♌ 16 ♍ | 1 ♊ 11 ♋ | 1 ♋ | 1 ♋ 4 ♌ 29 ♍ | 1 ♊ 25 ♋ | 1 ♌ 8 ♍ | 1 ♋ 19 ♌ |
| AUG | 1 ♊ 6 ♋ | 1 ♍ 11 ♎ | 1 ♋ 4 ♌ 28 ♍ | 1 ♋ | 1 ♍ 23 ♎ | 1 ♋ 19 ♌ | 1 ♍ | 1 ♌ 12 ♍ |
| SEP | 1 ♌ 27 ♍ | 1 ♎ 8 ♏ | 1 ♍ 22 ♎ | 1 ♋ 8 ♌ | 1 ♎ 17 ♏ | 1 ♌ 12 ♍ | 1 ♍ | 1 ♍ 5 ♎ 30 ♏ |
| OKT | 1 ♍ 21 ♎ | 1 ♏ 11 ♐ | 1 ♎ 16 ♏ | 1 ♌ 8 ♍ | 1 ♏ 12 ♐ | 1 ♍ 6 ♎ 30 ♏ | 1 ♍ | 1 ♏ 24 ♐ |
| NOV | 1 ♎ 14 ♏ | 1 ♐ 29 ♏ | 1 ♏ 9 ♐ | 1 ♍ 3 ♎ 28 ♏ | 1 ♐ 7 ♑ | 1 ♏ 23 ♐ | 1 ♍ 10 ♎ | 1 ♐ 18 ♑ |
| DEZ | 1 ♏ 8 ♐ | 1 ♏ | 1 ♐ 3 ♑ 27 ♒ | 1 ♏ 22 ♐ | 1 ♑ 6 ♒ | 1 ♐ 17 ♑ | 1 ♎ 9 ♏ | 1 ♑ 13 ♒ |

| ♀ | 1929 | 1930 | 1931 | 1932 | 1933 | 1934 | 1935 | 1936 |
|---|---|---|---|---|---|---|---|---|
| JAN | 1 ♒ 7 ♓ | 1 ♑ 25 ♒ | 1 ♏ 4 ♐ | 1 ♒ 20 ♓ | 1 ♐ 15 ♑ | 1 ♒ | 1 ♑ 9 ♒ | 1 ♏ 4 ♐ 29 ♑ |
| FEB | 1 ♓ 3 ♈ | 1 ♒ 17 ♓ | 1 ♐ 7 ♑ | 1 ♓ 13 ♈ | 1 ♑ 8 ♒ | 1 ♒ | 1 ♒ 2 ♓ 27 ♈ | 1 ♑ 23 ♒ |
| MÄR | 1 ♈ 9 ♉ | 1 ♓ 13 ♈ | 1 ♑ 6 ♒ | 1 ♈ 10 ♉ | 1 ♒ 4 ♓ 28 ♈ | 1 ♒ | 1 ♈ 23 ♉ | 1 ♒ 18 ♓ |
| APR | 1 ♉ 21 ♈ | 1 ♈ 7 ♉ | 1 ♓ 27 ♈ | 1 ♉ 6 ♊ | 1 ♈ 21 ♉ | 1 ♒ 7 ♓ | 1 ♉ 17 ♊ | 1 ♓ 12 ♈ |
| MAI | 1 ♈ | 1 ♊ 26 ♋ | 1 ♈ 22 ♉ | 1 ♊ 7 ♋ | 1 ♉ 16 ♊ | 1 ♓ 7 ♈ | 1 ♊ 12 ♋ | 1 ♈ 6 ♉ 30 ♊ |
| JUN | 1 ♈ 4 ♉ | 1 ♋ 20 ♌ | 1 ♉ 15 ♊ | 1 ♋ | 1 ♊ 9 ♋ | 1 ♈ 3 ♉ 29 ♊ | 1 ♋ 8 ♌ | 1 ♊ 24 ♋ |
| JUL | 1 ♉ 9 ♊ | 1 ♌ 15 ♍ | 1 ♊ 10 ♋ | 1 ♋ 14 ♊ 29 ♋ | 1 ♋ 4 ♌ 28 ♍ | 1 ♊ 24 ♋ | 1 ♌ 8 ♍ | 1 ♋ 18 ♌ |
| AUG | 1 ♊ 6 ♋ | 1 ♍ 11 ♎ | 1 ♋ 4 ♌ 28 ♍ | 1 ♋ | 1 ♍ 22 ♎ | 1 ♋ 18 ♌ | 1 ♍ | 1 ♌ 12 ♍ |
| SEP | 1 ♌ 26 ♍ | 1 ♎ 8 ♏ | 1 ♍ 21 ♎ | 1 ♋ 9 ♌ | 1 ♎ 16 ♏ | 1 ♌ 12 ♍ | 1 ♍ | 1 ♍ 5 ♎ 29 ♏ |
| OKT | 1 ♍ 21 ♎ | 1 ♏ 13 ♐ | 1 ♎ 15 ♏ | 1 ♌ 8 ♍ | 1 ♏ 12 ♐ | 1 ♍ 6 ♎ 30 ♏ | 1 ♍ | 1 ♏ 24 ♐ |
| NOV | 1 ♎ 14 ♏ | 1 ♐ 23 ♏ | 1 ♏ 8 ♐ | 1 ♍ 3 ♎ 28 ♏ | 1 ♐ 7 ♑ | 1 ♏ 23 ♐ | 1 ♍ 10 ♎ | 1 ♐ 17 ♑ |
| DEZ | 1 ♏ 8 ♐ 31 ♑ | 1 ♏ | 1 ♐ 2 ♑ 26 ♒ | 1 ♏ 22 ♐ | 1 ♑ 6 ♒ | 1 ♐ 17 ♑ | 1 ♎ 9 ♏ | 1 ♑ 12 ♒ |

# Venus-Tabellen

| ♀ | 1937 | 1938 | 1939 | 1940 | 1941 | 1942 | 1943 | 1944 |
|---|---|---|---|---|---|---|---|---|
| JAN | 1 ♒ 7 ♓ | 1 ♑ 24 ♒ | 1 ♏ 5 ♐ | 1 ♒ 19 ♓ | 1 ♐ 14 ♑ | 1 ♒ | 1 ♑ 9 ♒ | 1 ♏ 4 ♐ 29 ♑ |
| FEB | 1 ♓ 3 ♈ | 1 ♒ 17 ♓ | 1 ♐ 7 ♑ | 1 ♓ 13 ♈ | 1 ♑ 7 ♒ | 1 ♒ | 1 ♒ 2 ♓ 26 ♈ | 1 ♑ 22 ♒ |
| MÄR | 1 ♈ 10 ♉ | 1 ♓ 13 ♈ | 1 ♑ 6 ♒ | 1 ♈ 9 ♉ | 1 ♒ 3 ♓ 28 ♈ | 1 ♒ | 1 ♈ 22 ♉ | 1 ♒ 18 ♓ |
| APR | 1 ♉ 15 ♈ | 1 ♈ 6 ♉ 30 ♊ | 1 ♓ 26 ♈ | 1 ♉ 5 ♊ | 1 ♈ 21 ♉ | 1 ♒ 7 ♓ | 1 ♉ 16 ♊ | 1 ♓ 11 ♈ |
| MAI | 1 ♈ | 1 ♊ 25 ♋ | 1 ♈ 21 ♉ | 1 ♊ 7 ♋ | 1 ♉ 15 ♊ | 1 ♓ 7 ♈ | 1 ♊ 12 ♋ | 1 ♈ 5 ♉ 30 ♊ |
| JUN | 1 ♈ 5 ♉ | 1 ♋ 19 ♌ | 1 ♉ 15 ♊ | 1 ♋ | 1 ♊ 8 ♋ | 1 ♈ 3 ♉ 28 ♊ | 1 ♋ 8 ♌ | 1 ♊ 23 ♋ |
| JUL | 1 ♉ 8 ♊ | 1 ♌ 15 ♍ | 1 ♊ 10 ♋ | 1 ♋ 6 ♊ | 1 ♋ 3 ♌ 28 ♍ | 1 ♊ 24 ♋ | 1 ♌ 8 ♍ | 1 ♋ 18 ♌ |
| AUG | 1 ♊ 5 ♋ | 1 ♍ 10 ♎ | 1 ♋ 3 ♌ 27 ♍ | 1 ♊ 2 ♋ | 1 ♍ 22 ♎ | 1 ♋ 18 ♌ | 1 ♍ | 1 ♌ 11 ♍ |
| SEP | 1 ♌ 26 ♍ | 1 ♎ 8 ♏ | 1 ♍ 21 ♎ | 1 ♋ 9 ♌ | 1 ♎ 16 ♏ | 1 ♌ 11 ♍ | 1 ♍ | 1 ♍ 4 ♎ 29 ♏ |
| OKT | 1 ♍ 20 ♎ | 1 ♏ 14 ♐ | 1 ♎ 15 ♏ | 1 ♌ 7 ♍ | 1 ♏ 11 ♐ | 1 ♍ 5 ♎ 29 ♏ | 1 ♍ | 1 ♏ 23 ♐ |
| NOV | 1 ♎ 13 ♏ | 1 ♐ 16 ♏ | 1 ♏ 8 ♐ | 1 ♍ 2 ♎ 27 ♏ | 1 ♐ 7 ♑ | 1 ♏ 22 ♐ | 1 ♍ 10 ♎ | 1 ♐ 17 ♑ |
| DEZ | 1 ♏ 7 ♐ 31 ♑ | 1 ♏ | 1 ♐ 2 ♑ 26 ♒ | 1 ♏ 21 ♐ | 1 ♑ 6 ♒ | 1 ♐ 16 ♑ | 1 ♎ 9 ♏ | 1 ♑ 12 ♒ |

| ♀ | 1945 | 1946 | 1947 | 1948 | 1949 | 1950 | 1951 | 1952 |
|---|---|---|---|---|---|---|---|---|
| JAN | 1 ♒ 6 ♓ | 1 ♑ 23 ♒ | 1 ♏ 6 ♐ | 1 ♒ 19 ♓ | 1 ♐ 14 ♑ | 1 ♒ | 1 ♑ 8 ♒ | 1 ♏ 3 ♐ 28 ♑ |
| FEB | 1 ♓ 3 ♈ | 1 ♒ 16 ♓ | 1 ♐ 7 ♑ | 1 ♓ 12 ♈ | 1 ♑ 7 ♒ | 1 ♒ | 1 ♓ 25 ♈ | 1 ♑ 21 ♒ |
| MÄR | 1 ♈ 12 ♉ | 1 ♓ 12 ♈ | 1 ♑ 6 ♒ 31 ♓ | 1 ♈ 9 ♉ | 1 ♒ 3 ♓ 27 ♈ | 1 ♒ | 1 ♈ 22 ♉ | 1 ♒ 17 ♓ |
| APR | 1 ♉ 8 ♈ | 1 ♈ 6 ♉ 30 ♊ | 1 ♓ 26 ♈ | 1 ♉ 5 ♊ | 1 ♈ 20 ♉ | 1 ♒ 7 ♓ | 1 ♉ 16 ♊ | 1 ♓ 10 ♈ |
| MAI | 1 ♈ | 1 ♊ 25 ♋ | 1 ♈ 21 ♉ | 1 ♊ 8 ♋ | 1 ♉ 15 ♊ | 1 ♓ 6 ♈ | 1 ♊ 12 ♋ | 1 ♈ 5 ♉ 29 ♊ |
| JUN | 1 ♈ 5 ♉ | 1 ♋ 19 ♌ | 1 ♉ 14 ♊ | 1 ♋ 30 ♊ | 1 ♊ 8 ♋ | 1 ♈ 2 ♉ 28 ♊ | 1 ♋ 8 ♌ | 1 ♊ 23 ♋ |
| JUL | 1 ♉ 8 ♊ | 1 ♌ 14 ♍ | 1 ♊ 9 ♋ | 1 ♊ | 1 ♋ 2 ♌ 27 ♍ | 1 ♊ 23 ♋ | 1 ♌ 9 ♍ | 1 ♋ 17 ♌ |
| AUG | 1 ♊ 5 ♋ 31 ♌ | 1 ♍ 10 ♎ | 1 ♋ 3 ♌ 27 ♍ | 1 ♊ 4 ♋ | 1 ♍ 21 ♎ | 1 ♋ 17 ♌ | 1 ♍ | 1 ♌ 10 ♍ |
| SEP | 1 ♌ 25 ♍ | 1 ♎ 8 ♏ | 1 ♍ 20 ♎ | 1 ♋ 9 ♌ | 1 ♎ 15 ♏ | 1 ♌ 11 ♍ | 1 ♍ | 1 ♍ 4 ♎ 28 ♏ |
| OKT | 1 ♍ 20 ♎ | 1 ♏ 17 ♐ | 1 ♎ 14 ♏ | 1 ♌ 7 ♍ | 1 ♏ 11 ♐ | 1 ♍ 5 ♎ 29 ♏ | 1 ♍ | 1 ♏ 23 ♐ |
| NOV | 1 ♎ 13 ♏ | 1 ♐ 9 ♏ | 1 ♏ 7 ♐ | 1 ♍ 2 ♎ 27 ♏ | 1 ♐ 7 ♑ | 1 ♏ 22 ♐ | 1 ♍ 10 ♎ | 1 ♐ 16 ♑ |
| DEZ | 1 ♏ 7 ♐ 31 ♑ | 1 ♏ | 1 ♑ 25 ♒ | 1 ♏ 21 ♐ | 1 ♑ 7 ♒ | 1 ♐ 15 ♑ | 1 ♎ 9 ♏ | 1 ♑ 11 ♒ |

# Venus-Tabellen

| ♀ | 1953 | 1954 | 1955 | 1956 | 1957 | 1958 | 1959 | 1960 |
|---|---|---|---|---|---|---|---|---|
| JAN | 1 ♒ 6 ♓ | 1 ♑ 23 ♒ | 1 ♏ 7 ♐ | 1 ♒ 18 ♓ | 1 ♐ 13 ♑ | 1 ♒ | 1 ♑ 8 ♒ | 1 ♏ 3 ♐ 28 ♑ |
| FEB | 1 ♓ 3 ♈ | 1 ♒ 16 ♓ | 1 ♐ 7 ♑ | 1 ♓ 12 ♈ | 1 ♑ 6 ♒ | 1 ♒ | 1 ♓ 25 ♈ | 1 ♑ 21 ♒ |
| MÄR | 1 ♈ 15 ♉ | 1 ♓ 12 ♈ | 1 ♑ 5 ♒ 31 ♓ | 1 ♈ 8 ♉ | 1 ♒ 2 ♓ 26 ♈ | 1 ♒ | 1 ♈ 21 ♉ | 1 ♒ 16 ♓ |
| APR | 1 ♈ | 1 ♈ 5 ♉ 29 ♊ | 1 ♓ 25 ♈ | 1 ♉ 5 ♊ | 1 ♈ 19 ♉ | 1 ♒ 7 ♓ | 1 ♉ 15 ♊ | 1 ♓ 10 ♈ |
| MAI | 1 ♈ | 1 ♊ 24 ♋ | 1 ♈ 20 ♉ | 1 ♊ 9 ♋ | 1 ♉ 14 ♊ | 1 ♓ 6 ♈ | 1 ♊ 11 ♋ | 1 ♈ 4 ♉ 29 ♊ |
| JUN | 1 ♈ 6 ♉ | 1 ♋ 18 ♌ | 1 ♉ 14 ♊ | 1 ♋ 24 ♊ | 1 ♊ 7 ♋ | 1 ♈ 2 ♉ 27 ♊ | 1 ♋ 7 ♌ | 1 ♊ 22 ♋ |
| JUL | 1 ♉ 8 ♊ | 1 ♌ 14 ♍ | 1 ♊ 9 ♋ | 1 ♊ | 1 ♋ 2 ♌ 27 ♍ | 1 ♊ 22 ♋ | 1 ♌ 9 ♍ | 1 ♋ 16 ♌ |
| AUG | 1 ♊ 5 ♋ 31 ♌ | 1 ♍ 10 ♎ | 1 ♋ 2 ♌ 26 ♍ | 1 ♊ 5 ♋ | 1 ♍ 21 ♎ | 1 ♋ 16 ♌ | 1 ♍ | 1 ♌ 9 ♍ |
| SEP | 1 ♌ 25 ♍ | 1 ♎ 7 ♏ | 1 ♍ 19 ♎ | 1 ♋ 9 ♌ | 1 ♎ 15 ♏ | 1 ♌ 10 ♍ | 1 ♍ 21 ♌ 26 ♍ | 1 ♍ 3 ♎ 28 ♏ |
| OKT | 1 ♍ 19 ♎ | 1 ♏ 24 ♐ 28 ♏ | 1 ♎ 13 ♏ | 1 ♌ 7 ♍ | 1 ♏ 11 ♐ | 1 ♍ 3 ♎ 28 ♏ | 1 ♍ | 1 ♏ 22 ♐ |
| NOV | 1 ♎ 12 ♏ | 1 ♏ | 1 ♏ 6 ♐ | 1 ♎ 26 ♏ | 1 ♐ 6 ♑ | 1 ♏ 21 ♐ | 1 ♍ 10 ♎ | 1 ♐ 16 ♑ |
| DEZ | 1 ♏ 6 ♐ 30 ♑ | 1 ♏ | 1 ♑ 25 ♒ | 1 ♏ 20 ♐ | 1 ♑ 7 ♒ | 1 ♐ 15 ♑ | 1 ♎ 8 ♏ | 1 ♑ 11 ♒ |

| ♀ | 1961 | 1962 | 1963 | 1964 | 1965 | 1966 | 1967 | 1968 |
|---|---|---|---|---|---|---|---|---|
| JAN | 1 ♒ 6 ♓ | 1 ♑ 22 ♒ | 1 ♏ 7 ♐ | 1 ♒ 17 ♓ | 1 ♐ 13 ♑ | 1 ♒ | 1 ♑ 7 ♒ 31 ♓ | 1 ♏ 2 ♐ 27 ♑ |
| FEB | 1 ♓ 3 ♈ | 1 ♒ 15 ♓ | 1 ♐ 6 ♑ | 1 ♓ 11 ♈ | 1 ♑ 6 ♒ | 1 ♒ 7 ♑ 26 ♒ | 1 ♓ 24 ♈ | 1 ♑ 21 ♒ |
| MÄR | 1 ♈ | 1 ♓ 11 ♈ | 1 ♑ 5 ♒ 31 ♓ | 1 ♈ 8 ♉ | 1 ♒ 2 ♓ 26 ♈ | 1 ♒ | 1 ♈ 21 ♉ | 1 ♒ 16 ♓ |
| APR | 1 ♈ | 1 ♈ 4 ♉ 29 ♊ | 1 ♓ 25 ♈ | 1 ♉ 5 ♊ | 1 ♈ 19 ♉ | 1 ♒ 7 ♓ | 1 ♉ 15 ♊ | 1 ♓ 9 ♈ |
| MAI | 1 ♈ | 1 ♊ 24 ♋ | 1 ♈ 19 ♉ | 1 ♊ 10 ♋ | 1 ♉ 13 ♊ | 1 ♓ 6 ♈ | 1 ♊ 11 ♋ | 1 ♈ 4 ♉ 28 ♊ |
| JUN | 1 ♈ 6 ♉ | 1 ♋ 18 ♌ | 1 ♉ 13 ♊ | 1 ♋ 18 ♊ | 1 ♊ 7 ♋ | 1 ♉ 27 ♊ | 1 ♋ 7 ♌ | 1 ♊ 21 ♋ |
| JUL | 1 ♉ 8 ♊ | 1 ♌ 13 ♍ | 1 ♊ 8 ♋ | 1 ♊ | 1 ♌ 26 ♍ | 1 ♊ 22 ♋ | 1 ♌ 9 ♍ | 1 ♋ 16 ♌ |
| AUG | 1 ♊ 4 ♋ 30 ♌ | 1 ♍ 9 ♎ | 1 ♌ 26 ♍ | 1 ♊ 6 ♋ | 1 ♍ 20 ♎ | 1 ♋ 16 ♌ | 1 ♍ | 1 ♌ 9 ♍ |
| SEP | 1 ♌ 24 ♍ | 1 ♎ 8 ♏ | 1 ♍ 18 ♎ | 1 ♋ 9 ♌ | 1 ♎ 14 ♏ | 1 ♌ 9 ♍ | 1 ♍ 10 ♌ | 1 ♍ 3 ♎ 27 ♏ |
| OKT | 1 ♍ 18 ♎ | 1 ♏ | 1 ♎ 13 ♏ | 1 ♌ 6 ♍ | 1 ♏ 10 ♐ | 1 ♍ 3 ♎ 27 ♏ | 1 ♌ 2 ♍ | 1 ♏ 22 ♐ |
| NOV | 1 ♎ 12 ♏ | 1 ♏ | 1 ♏ 6 ♐ 30 ♑ | 1 ♎ 25 ♏ | 1 ♐ 6 ♑ | 1 ♏ 20 ♐ | 1 ♍ 10 ♎ | 1 ♐ 15 ♑ |
| DEZ | 1 ♏ 6 ♐ 29 ♑ | 1 ♏ | 1 ♑ 24 ♒ | 1 ♏ 20 ♐ | 1 ♑ 8 ♒ | 1 ♐ 14 ♑ | 1 ♎ 8 ♏ | 1 ♑ 10 ♒ |

# Venus-Tabellen

| ♀ | 1969 | 1970 | 1971 | 1972 | 1973 | 1974 | 1975 | 1976 |
|---|---|---|---|---|---|---|---|---|
| JAN | 1 ♒ 5 ♓ | 1 ♑ 22 ♒ | 1 ♏ 8 ♐ | 1 ♒ 17 ♓ | 1 ♐ 12 ♑ | 1 ♒ 30 ♑ | 1 ♑ 7 ♒ 31 ♓ | 1 ♏ 2 ♐ 27 ♑ |
| FEB | 1 ♓ 3 ♈ | 1 ♒ 15 ♓ | 1 ♐ 6 ♑ | 1 ♓ 11 ♈ | 1 ♑ 5 ♒ | 1 ♑ | 1 ♓ 24 ♈ | 1 ♑ 20 ♒ |
| MÄR | 1 ♈ | 1 ♓ 11 ♈ | 1 ♑ 5 ♒ 30 ♓ | 1 ♈ 8 ♉ | 1 ♓ 25 ♈ | 1 ♒ | 1 ♈ 20 ♉ | 1 ♒ 15 ♓ |
| APR | 1 ♈ | 1 ♈ 4 ♉ 28 ♊ | 1 ♓ 24 ♈ | 1 ♉ 4 ♊ | 1 ♈ 19 ♉ | 1 ♒ 7 ♓ | 1 ♉ 14 ♊ | 1 ♓ 9 ♈ |
| MAI | 1 ♈ | 1 ♊ 23 ♋ | 1 ♈ 19 ♉ | 1 ♊ 11 ♋ | 1 ♉ 13 ♊ | 1 ♓ 5 ♈ | 1 ♊ 10 ♋ | 1 ♈ 3 ♉ 27 ♊ |
| JUN | 1 ♈ 6 ♉ | 1 ♋ 17 ♌ | 1 ♉ 13 ♊ | 1 ♋ 12 ♊ | 1 ♊ 6 ♋ | 1 ♉ 26 ♊ | 1 ♋ 7 ♌ | 1 ♊ 21 ♋ |
| JUL | 1 ♉ 7 ♊ | 1 ♌ 13 ♍ | 1 ♊ 7 ♋ | 1 ♊ | 1 ♌ 26 ♍ | 1 ♊ 22 ♋ | 1 ♌ 10 ♍ | 1 ♋ 15 ♌ |
| AUG | 1 ♊ 4 ♋ 30 ♌ | 1 ♍ 9 ♎ | 1 ♌ 25 ♍ | 1 ♊ 7 ♋ | 1 ♍ 19 ♎ | 1 ♋ 15 ♌ | 1 ♍ | 1 ♌ 9 ♍ |
| SEP | 1 ♌ 24 ♍ | 1 ♎ 8 ♏ | 1 ♍ 18 ♎ | 1 ♋ 8 ♌ | 1 ♎ 14 ♏ | 1 ♌ 9 ♍ | 1 ♍ 3 ♌ | 1 ♍ 2 ♎ 26 ♏ |
| OKT | 1 ♍ 18 ♎ | 1 ♏ | 1 ♎ 12 ♏ | 1 ♌ 6 ♍ 31 ♎ | 1 ♏ 10 ♐ | 1 ♍ 3 ♎ 27 ♏ | 1 ♌ 5 ♍ | 1 ♏ 21 ♐ |
| NOV | 1 ♎ 11 ♏ | 1 ♏ | 1 ♏ 5 ♐ 30 ♑ | 1 ♎ 25 ♏ | 1 ♐ 6 ♑ | 1 ♏ 20 ♐ | 1 ♍ 10 ♎ | 1 ♐ 15 ♑ |
| DEZ | 1 ♏ 5 ♐ 29 ♑ | 1 ♏ | 1 ♑ 24 ♒ | 1 ♏ 19 ♐ | 1 ♑ 8 ♒ | 1 ♐ 14 ♑ | 1 ♎ 7 ♏ | 1 ♑ 10 ♒ |

| ♀ | 1977 | 1978 | 1979 | 1980 | 1981 | 1982 | 1983 | 1984 |
|---|---|---|---|---|---|---|---|---|
| JAN | 1 ♒ 5 ♓ | 1 ♑ 21 ♒ | 1 ♏ 8 ♐ | 1 ♒ 16 ♓ | 1 ♐ 12 ♑ | 1 ♒ 24 ♑ | 1 ♑ 6 ♒ 30 ♓ | 1 ♏ 2 ♐ 26 ♑ |
| FEB | 1 ♓ 3 ♈ | 1 ♒ 14 ♓ | 1 ♐ 6 ♑ | 1 ♓ 10 ♈ | 1 ♑ 5 ♒ 28 ♓ | 1 ♑ | 1 ♓ 23 ♈ | 1 ♑ 20 ♒ |
| MÄR | 1 ♈ | 1 ♓ 10 ♈ | 1 ♑ 4 ♒ 29 ♓ | 1 ♈ 7 ♉ | 1 ♓ 25 ♈ | 1 ♑ 3 ♒ | 1 ♈ 20 ♉ | 1 ♒ 15 ♓ |
| APR | 1 ♈ | 1 ♈ 3 ♉ 28 ♊ | 1 ♓ 23 ♈ | 1 ♉ 4 ♊ | 1 ♈ 18 ♉ | 1 ♒ 7 ♓ | 1 ♉ 14 ♊ | 1 ♓ 8 ♈ |
| MAI | 1 ♈ | 1 ♊ 22 ♋ | 1 ♈ 18 ♉ | 1 ♊ 13 ♋ | 1 ♉ 12 ♊ | 1 ♓ 5 ♈ 31 ♉ | 1 ♊ 10 ♋ | 1 ♈ 3 ♉ 27 ♊ |
| JUN | 1 ♈ 7 ♉ | 1 ♋ 17 ♌ | 1 ♉ 12 ♊ | 1 ♋ 6 ♊ | 1 ♊ 6 ♋ 30 ♌ | 1 ♉ 26 ♊ | 1 ♋ 7 ♌ | 1 ♊ 21 ♋ |
| JUL | 1 ♉ 7 ♊ | 1 ♌ 12 ♍ | 1 ♊ 7 ♋ 31 ♌ | 1 ♊ | 1 ♌ 25 ♍ | 1 ♊ 21 ♋ | 1 ♌ 11 ♍ | 1 ♋ 15 ♌ |
| AUG | 1 ♊ 3 ♋ 29 ♌ | 1 ♍ 8 ♎ | 1 ♌ 25 ♍ | 1 ♊ 7 ♋ | 1 ♍ 19 ♎ | 1 ♋ 15 ♌ | 1 ♍ 28 ♌ | 1 ♌ 8 ♍ |
| SEP | 1 ♌ 23 ♍ | 1 ♎ 8 ♏ | 1 ♍ 18 ♎ | 1 ♋ 8 ♌ | 1 ♎ 13 ♏ | 1 ♌ 8 ♍ | 1 ♌ | 1 ♍ 2 ♎ 26 ♏ |
| OKT | 1 ♍ 17 ♎ | 1 ♏ | 1 ♎ 12 ♏ | 1 ♌ 5 ♍ 31 ♎ | 1 ♏ 9 ♐ | 1 ♍ 2 ♎ 26 ♏ | 1 ♌ 6 ♍ | 1 ♏ 21 ♐ |
| NOV | 1 ♎ 11 ♏ | 1 ♏ | 1 ♏ 5 ♐ 29 ♑ | 1 ♎ 25 ♏ | 1 ♐ 6 ♑ | 1 ♏ 19 ♐ | 1 ♍ 10 ♎ | 1 ♐ 14 ♑ |
| DEZ | 1 ♏ 4 ♐ 28 ♑ | 1 ♏ | 1 ♑ 23 ♒ | 1 ♏ 19 ♐ | 1 ♑ 9 ♒ | 1 ♐ 12 ♑ | 1 ♎ 7 ♏ | 1 ♑ 10 ♒ |

# Venus-Tabellen

| ♀ | 1985 | 1986 | 1987 | 1988 | 1989 | 1990 | 1991 | 1992 |
|---|---|---|---|---|---|---|---|---|
| JAN | 1 ♒ 5 ♓ | 1 ♑ 21 ♒ | 1 ♏ 8 ♐ | 1 ♒ 16 ♓ | 1 ♐ 11 ♑ | 1 ♒ 17 ♑ | 1 ♑ 6 ♒ 30 ♓ | 1 ♐ 26 ♑ |
| FEB | 1 ♓ 3 ♈ | 1 ♒ 14 ♓ | 1 ♐ 6 ♑ | 1 ♓ 10 ♈ | 1 ♑ 4 ♒ 28 ♓ | 1 ♑ | 1 ♓ 23 ♈ | 1 ♑ 19 ♒ |
| MÄR | 1 ♈ | 1 ♓ 9 ♈ | 1 ♑ 4 ♒ 29 ♓ | 1 ♈ 7 ♉ | 1 ♓ 24 ♈ | 1 ♑ 4 ♒ | 1 ♈ 19 ♉ | 1 ♒ 14 ♓ |
| APR | 1 ♈ | 1 ♈ 3 ♉ 27 ♊ | 1 ♓ 23 ♈ | 1 ♉ 4 ♊ | 1 ♈ 17 ♉ | 1 ♒ 7 ♓ | 1 ♉ 13 ♊ | 1 ♓ 7 ♈ |
| MAI | 1 ♈ | 1 ♊ 22 ♋ | 1 ♈ 18 ♉ | 1 ♊ 18 ♋ 27 ♊ | 1 ♉ 12 ♊ | 1 ♓ 4 ♈ 31 ♉ | 1 ♊ 9 ♋ | 1 ♈ 2 ♉ 26 ♊ |
| JUN | 1 ♈ 7 ♉ | 1 ♋ 16 ♌ | 1 ♉ 12 ♊ | 1 ♊ | 1 ♊ 5 ♋ 30 ♌ | 1 ♉ 25 ♊ | 1 ♋ 7 ♌ | 1 ♊ 20 ♋ |
| JUL | 1 ♉ 7 ♊ | 1 ♌ 12 ♍ | 1 ♊ 6 ♋ 31 ♌ | 1 ♊ | 1 ♌ 24 ♍ | 1 ♊ 20 ♋ | 1 ♌ 11 ♍ | 1 ♋ 14 ♌ |
| AUG | 1 ♊ 3 ♋ 28 ♌ | 1 ♍ 8 ♎ | 1 ♌ 24 ♍ | 1 ♊ 7 ♋ | 1 ♍ 18 ♎ | 1 ♋ 13 ♌ | 1 ♍ 22 ♌ | 1 ♌ 7 ♍ |
| SEP | 1 ♌ 23 ♍ | 1 ♎ 8 ♏ | 1 ♍ 17 ♎ | 1 ♋ 8 ♌ | 1 ♎ 13 ♏ | 1 ♌ 9 ♍ | 1 ♌ | 1 ♎ 25 ♏ |
| OKT | 1 ♍ 17 ♎ | 1 ♏ | 1 ♎ 11 ♏ | 1 ♌ 5 ♍ 30 ♎ | 1 ♏ 9 ♐ | 1 ♍ 2 ♎ 26 ♏ | 1 ♌ 7 ♍ | 1 ♏ 20 ♐ |
| NOV | 1 ♎ 10 ♏ | 1 ♏ | 1 ♏ 4 ♐ 28 ♑ | 1 ♎ 24 ♏ | 1 ♐ 6 ♑ | 1 ♏ 19 ♐ | 1 ♍ 9 ♎ | 1 ♐ 14 ♑ |
| DEZ | 1 ♏ 4 ♐ 28 ♑ | 1 ♏ | 1 ♑ 23 ♒ | 1 ♏ 18 ♐ | 1 ♑ 10 ♒ | 1 ♐ 13 ♑ | 1 ♎ 7 ♏ | 1 ♑ 9 ♒ |

| ♀ | 1993 | 1994 | 1995 | 1996 | 1997 | 1998 | 1999 | 2000 |
|---|---|---|---|---|---|---|---|---|
| JAN | 1 ♒ 4 ♓ | 1 ♑ 20 ♒ | 1 ♏ 8 ♐ | 1 ♒ 15 ♓ | 1 ♐ 10 ♑ | 1 ♒ 10 ♑ | 1 ♑ 5 ♒ 29 ♓ | 1 ♐ 25 ♑ |
| FEB | 1 ♓ 3 ♈ | 1 ♒ 13 ♓ | 1 ♐ 5 ♑ | 1 ♓ 9 ♈ | 1 ♑ 4 ♒ 28 ♓ | 1 ♑ | 1 ♓ 22 ♈ | 1 ♑ 19 ♒ |
| MÄR | 1 ♈ | 1 ♓ 9 ♈ | 1 ♑ 3 ♒ 29 ♓ | 1 ♈ 6 ♉ | 1 ♓ 24 ♈ | 1 ♑ 5 ♒ | 1 ♈ 19 ♉ | 1 ♒ 14 ♓ |
| APR | 1 ♈ | 1 ♈ 2 ♉ 27 ♊ | 1 ♓ 23 ♈ | 1 ♉ 4 ♊ | 1 ♈ 17 ♉ | 1 ♒ 7 ♓ | 1 ♉ 13 ♊ | 1 ♓ 7 ♈ |
| MAI | 1 ♈ | 1 ♊ 21 ♋ | 1 ♈ 17 ♉ | 1 ♊ | 1 ♉ 11 ♊ | 1 ♓ 4 ♈ 30 ♉ | 1 ♊ 9 ♋ | 1 ♈ 2 ♉ 26 ♊ |
| JUN | 1 ♈ 7 ♉ | 1 ♋ 15 ♌ | 1 ♉ 11 ♊ | 1 ♊ | 1 ♊ 4 ♋ 29 ♌ | 1 ♉ 25 ♊ | 1 ♋ 6 ♌ | 1 ♊ 19 ♋ |
| JUL | 1 ♉ 6 ♊ | 1 ♌ 12 ♍ | 1 ♊ 6 ♋ 30 ♌ | 1 ♊ | 1 ♌ 24 ♍ | 1 ♊ 20 ♋ | 1 ♌ 13 ♍ | 1 ♋ 14 ♌ |
| AUG | 1 ♊ 2 ♋ 28 ♌ | 1 ♍ 8 ♎ | 1 ♌ 23 ♍ | 1 ♊ 8 ♋ | 1 ♍ 18 ♎ | 1 ♋ 14 ♌ | 1 ♍ 16 ♌ | 1 ♌ 7 ♍ |
| SEP | 1 ♌ 22 ♍ | 1 ♎ 8 ♏ | 1 ♍ 17 ♎ | 1 ♋ 8 ♌ | 1 ♎ 12 ♏ | 1 ♌ 7 ♍ | 1 ♌ | 1 ♎ 25 ♏ |
| OKT | 1 ♍ 16 ♎ | 1 ♏ | 1 ♎ 11 ♏ | 1 ♌ 5 ♍ 30 ♎ | 1 ♏ 9 ♐ | 1 ♎ 25 ♏ | 1 ♌ 8 ♍ | 1 ♏ 20 ♐ |
| NOV | 1 ♎ 9 ♏ | 1 ♏ | 1 ♏ 4 ♐ 28 ♑ | 1 ♎ 23 ♏ | 1 ♐ 6 ♑ | 1 ♏ 18 ♐ | 1 ♍ 10 ♎ | 1 ♐ 13 ♑ |
| DEZ | 1 ♏ 3 ♐ 27 ♑ | 1 ♏ | 1 ♑ 22 ♒ | 1 ♏ 17 ♐ | 1 ♑ 12 ♒ | 1 ♐ 12 ♑ | 1 ♎ 6 ♏ | 1 ♑ 9 ♒ |

# MARS-TABELLEN

| ♂ | 1921 | 1922 | 1923 | 1924 | 1925 | 1926 | 1927 | 1928 | 1929 | 1930 |
|---|---|---|---|---|---|---|---|---|---|---|
| JAN | 1 ♒ 5 ♓ | 1 ♏ | 1 ♓ 21 ♈ | 1 ♏ 19 ♐ | 1 ♈ | 1 ♐ | 1 ♉ | 1 ♐ 19 ♑ | 1 ♊ | 1 ♑ |
| FEB | 1 ♓ 13 ♈ | 1 ♏ 18 ♐ | 1 ♈ | 1 ♐ | 1 ♈ 5 ♉ | 1 ♐ 9 ♑ | 1 ♉ 22 ♊ | 1 ♑ 28 ♒ | 1 ♊ | 1 ♑ 6 ♒ |
| MÄR | 1 ♈ 25 ♉ | 1 ♐ | 1 ♈ 4 ♉ | 1 ♐ 6 ♑ | 1 ♉ 24 ♊ | 1 ♑ 23 ♒ | 1 ♊ | 1 ♒ | 1 ♊ 10 ♋ | 1 ♒ 17 ♓ |
| APR | 1 ♉ | 1 ♐ | 1 ♉ 16 ♊ | 1 ♑ 24 ♒ | 1 ♊ | 1 ♒ | 1 ♊ 17 ♋ | 1 ♒ 7 ♓ | 1 ♋ | 1 ♓ 24 ♈ |
| MAI | 1 ♉ 6 ♊ | 1 ♐ | 1 ♊ 30 ♋ | 1 ♒ | 1 ♊ 9 ♋ | 1 ♒ 3 ♓ | 1 ♋ | 1 ♓ 16 ♈ | 1 ♋ 13 ♌ | 1 ♈ |
| JUN | 1 ♊ 18 ♋ | 1 ♐ | 1 ♋ | 1 ♒ 24 ♓ | 1 ♋ 26 ♌ | 1 ♓ 15 ♈ | 1 ♋ 6 ♌ | 1 ♈ 26 ♉ | 1 ♌ | 1 ♈ 3 ♉ |
| JUL | 1 ♋ | 1 ♐ | 1 ♋ 16 ♌ | 1 ♓ | 1 ♌ | 1 ♈ | 1 ♌ 25 ♍ | 1 ♉ | 1 ♌ 4 ♍ | 1 ♉ 14 ♊ |
| AUG | 1 ♋ 3 ♌ | 1 ♐ | 1 ♌ | 1 ♓ 24 ♒ | 1 ♌ 12 ♍ | 1 ♉ | 1 ♍ | 1 ♉ 9 ♊ | 1 ♍ 21 ♎ | 1 ♊ 28 ♋ |
| SEP | 1 ♌ 19 ♍ | 1 ♐ 13 ♑ | 1 ♍ | 1 ♒ | 1 ♍ 28 ♎ | 1 ♉ | 1 ♍ 10 ♎ | 1 ♊ | 1 ♎ | 1 ♋ |
| OKT | 1 ♍ | 1 ♑ 30 ♒ | 1 ♍ 18 ♎ | 1 ♒ 19 ♓ | 1 ♎ | 1 ♉ | 1 ♎ 26 ♏ | 1 ♊ 3 ♋ | 1 ♎ 6 ♏ | 1 ♋ 20 ♌ |
| NOV | 1 ♍ 6 ♎ | 1 ♒ | 1 ♎ | 1 ♓ | 1 ♎ 13 ♏ | 1 ♉ | 1 ♏ | 1 ♋ | 1 ♏ 18 ♐ | 1 ♌ |
| DEZ | 1 ♎ 26 ♏ | 1 ♒ 11 ♓ | 1 ♎ 4 ♏ | 1 ♓ 19 ♈ | 1 ♏ 28 ♐ | 1 ♉ | 1 ♏ 8 ♐ | 1 ♋ 20 ♊ | 1 ♐ 29 ♑ | 1 ♌ |

| ♂ | 1931 | 1932 | 1933 | 1934 | 1935 | 1936 | 1937 | 1938 | 1939 | 1940 |
|---|---|---|---|---|---|---|---|---|---|---|
| JAN | 1 ♌ | 1 ♑ 18 ♒ | 1 ♍ | 1 ♒ | 1 ♎ | 1 ♒ 14 ♓ | 1 ♎ 5 ♏ | 1 ♓ 30 ♈ | 1 ♏ 29 ♐ | 1 ♓ 4 ♈ |
| FEB | 1 ♌ 16 ♋ | 1 ♒ 25 ♓ | 1 ♍ | 1 ♒ 4 ♓ | 1 ♎ | 1 ♓ 22 ♈ | 1 ♏ | 1 ♈ | 1 ♐ | 1 ♈ 17 ♉ |
| MÄR | 1 ♋ 30 ♌ | 1 ♓ | 1 ♍ | 1 ♓ 14 ♈ | 1 ♎ | 1 ♈ | 1 ♏ 13 ♐ | 1 ♈ 12 ♉ | 1 ♐ 21 ♑ | 1 ♉ |
| APR | 1 ♌ | 1 ♓ 3 ♈ | 1 ♍ | 1 ♈ 22 ♉ | 1 ♎ | 1 ♉ | 1 ♐ | 1 ♉ 23 ♊ | 1 ♑ | 1 ♊ |
| MAI | 1 ♌ | 1 ♈ 12 ♉ | 1 ♍ | 1 ♉ | 1 ♎ | 1 ♉ 13 ♊ | 1 ♐ 14 ♏ | 1 ♊ | 1 ♑ 25 ♒ | 1 ♊ 17 ♋ |
| JUN | 1 ♌ 10 ♍ | 1 ♉ 22 ♊ | 1 ♍ | 1 ♉ 2 ♊ | 1 ♎ | 1 ♊ 25 ♋ | 1 ♏ | 1 ♊ 7 ♋ | 1 ♒ | 1 ♋ |
| JUL | 1 ♍ | 1 ♊ | 1 ♍ 6 ♎ | 1 ♊ 15 ♋ | 1 ♎ 29 ♏ | 1 ♋ | 1 ♏ | 1 ♋ 22 ♌ | 1 ♒ 21 ♑ | 1 ♋ 3 ♌ |
| AUG | 1 ♎ | 1 ♊ 4 ♋ | 1 ♎ 26 ♏ | 1 ♋ 30 ♌ | 1 ♏ | 1 ♋ 10 ♌ | 1 ♏ 8 ♐ | 1 ♌ | 1 ♑ | 1 ♌ 19 ♍ |
| SEP | 1 ♎ 17 ♏ | 1 ♋ 20 ♌ | 1 ♏ | 1 ♌ | 1 ♏ 16 ♐ | 1 ♌ 26 ♍ | 1 ♐ 30 ♑ | 1 ♌ 7 ♍ | 1 ♑ 24 ♒ | 1 ♍ |
| OKT | 1 ♏ 30 ♐ | 1 ♌ | 1 ♏ 9 ♐ | 1 ♌ 18 ♍ | 1 ♐ 28 ♑ | 1 ♍ | 1 ♑ | 1 ♍ 25 ♎ | 1 ♒ | 1 ♍ 5 ♎ |
| NOV | 1 ♐ | 1 ♌ 13 ♍ | 1 ♐ 19 ♑ | 1 ♍ | 1 ♑ | 1 ♍ 14 ♎ | 1 ♑ 11 ♒ | 1 ♎ | 1 ♒ 19 ♓ | 1 ♎ 20 ♏ |
| DEZ | 1 ♐ 10 ♑ | 1 ♍ | 1 ♑ 28 ♒ | 1 ♍ 11 ♎ | 1 ♑ 7 ♒ | 1 ♎ | 1 ♒ 21 ♓ | 1 ♎ 11 ♏ | 1 ♓ | 1 ♏ |

# Mars-Tabellen

| ♂ | 1941 | 1942 | 1943 | 1944 | 1945 | 1946 | 1947 | 1948 | 1949 | 1950 |
|---|---|---|---|---|---|---|---|---|---|---|
| JAN | 1 ♏ 4 ♐ | 1 ♈ 11 ♉ | 1 ♐ 26 ♑ | 1 ♊ | 1 ♐ 5 ♑ | 1 ♋ | 1 ♑ 25 ♒ | 1 ♍ | 1 ♑ 4 ♒ | 1 ♎ |
| FEB | 1 ♐ 17 ♑ | 1 ♉ | 1 ♑ | 1 ♊ | 1 ♑ 14 ♒ | 1 ♋ | 1 ♒ | 1 ♍ 12 ♌ | 1 ♒ 11 ♓ | 1 ♎ |
| MÄR | 1 ♑ | 1 ♉ 7 ♊ | 1 ♑ 8 ♒ | 1 ♊ 29 ♋ | 1 ♒ 25 ♓ | 1 ♋ | 1 ♒ 4 ♓ | 1 ♌ | 1 ♓ 21 ♈ | 1 ♎ 28 ♍ |
| APR | 1 ♑ 2 ♒ | 1 ♊ 26 ♋ | 1 ♒ 17 ♓ | 1 ♋ | 1 ♓ | 1 ♋ 22 ♌ | 1 ♓ 11 ♈ | 1 ♌ | 1 ♈ 30 ♉ | 1 ♍ |
| MAI | 1 ♒ 16 ♓ | 1 ♋ | 1 ♓ 27 ♈ | 1 ♋ 22 ♌ | 1 ♓ 3 ♈ | 1 ♌ | 1 ♈ 21 ♉ | 1 ♌ 18 ♍ | 1 ♉ | 1 ♍ |
| JUN | 1 ♓ | 1 ♋ 14 ♌ | 1 ♈ | 1 ♌ | 1 ♈ 11 ♉ | 1 ♌ 20 ♍ | 1 ♉ | 1 ♍ | 1 ♉ 10 ♊ | 1 ♍ 11 ♎ |
| JUL | 1 ♓ 2 ♈ | 1 ♌ | 1 ♈ 7 ♉ | 1 ♌ 12 ♍ | 1 ♉ 23 ♊ | 1 ♍ | 1 ♊ | 1 ♍ 17 ♎ | 1 ♊ 23 ♋ | 1 ♎ |
| AUG | 1 ♈ | 1 ♍ | 1 ♉ 23 ♊ | 1 ♍ 29 ♎ | 1 ♊ | 1 ♍ 9 ♎ | 1 ♊ 13 ♋ | 1 ♎ | 1 ♋ | 1 ♎ 10 ♏ |
| SEP | 1 ♈ | 1 ♍ 17 ♎ | 1 ♊ | 1 ♎ | 1 ♊ 7 ♋ | 1 ♎ 24 ♏ | 1 ♋ | 1 ♎ 3 ♏ | 1 ♋ 7 ♌ | 1 ♏ 25 ♐ |
| OKT | 1 ♈ | 1 ♎ | 1 ♊ | 1 ♎ 13 ♏ | 1 ♋ | 1 ♏ | 1 ♌ | 1 ♏ 17 ♐ | 1 ♌ 27 ♍ | 1 ♐ |
| NOV | 1 ♈ | 1 ♎ 2 ♏ | 1 ♊ | 1 ♏ 25 ♐ | 1 ♋ 11 ♌ | 1 ♏ 6 ♐ | 1 ♌ | 1 ♐ 26 ♑ | 1 ♍ | 1 ♐ 6 ♑ |
| DEZ | 1 ♈ | 1 ♏ 15 ♐ | 1 ♊ | 1 ♐ | 1 ♌ 26 ♋ | 1 ♐ 17 ♑ | 1 ♍ | 1 ♑ | 1 ♍ 26 ♎ | 1 ♑ 15 ♒ |

| ♂ | 1951 | 1952 | 1953 | 1954 | 1955 | 1956 | 1957 | 1958 | 1959 | 1960 |
|---|---|---|---|---|---|---|---|---|---|---|
| JAN | 1 ♒ 22 ♓ | 1 ♎ 20 ♏ | 1 ♓ | 1 ♏ | 1 ♓ 15 ♈ | 1 ♏ 14 ♐ | 1 ♈ 28 ♉ | 1 ♐ | 1 ♉ | 1 ♐ 14 ♑ |
| FEB | 1 ♓ | 1 ♏ | 1 ♓ 8 ♈ | 1 ♏ 9 ♐ | 1 ♈ 26 ♉ | 1 ♐ 28 ♑ | 1 ♉ | 1 ♐ 3 ♑ | 1 ♉ 10 ♊ | 1 ♑ 23 ♒ |
| MÄR | 1 ♓ 2 ♈ | 1 ♏ | 1 ♈ 20 ♉ | 1 ♐ | 1 ♉ | 1 ♑ | 1 ♉ 17 ♊ | 1 ♑ 17 ♒ | 1 ♊ | 1 ♒ |
| APR | 1 ♈ 10 ♉ | 1 ♏ | 1 ♉ | 1 ♐ 12 ♑ | 1 ♉ 10 ♊ | 1 ♑ 14 ♒ | 1 ♊ | 1 ♒ 27 ♓ | 1 ♊ 10 ♋ | 1 ♒ 2 ♓ |
| MAI | 1 ♉ 21 ♊ | 1 ♏ | 1 ♊ | 1 ♑ | 1 ♊ 26 ♋ | 1 ♒ | 1 ♊ 4 ♋ | 1 ♓ | 1 ♋ | 1 ♓ 11 ♈ |
| JUN | 1 ♊ | 1 ♏ | 1 ♊ 14 ♋ | 1 ♑ | 1 ♋ | 1 ♒ 3 ♓ | 1 ♋ 21 ♌ | 1 ♓ 7 ♈ | 1 ♋ 2 ♌ | 1 ♈ 20 ♉ |
| JUL | 1 ♊ 3 ♋ | 1 ♏ | 1 ♋ 29 ♌ | 1 ♑ 3 ♐ | 1 ♋ 11 ♌ | 1 ♓ | 1 ♌ | 1 ♈ 21 ♉ | 1 ♌ 20 ♍ | 1 ♉ |
| AUG | 1 ♋ 18 ♌ | 1 ♏ 27 ♐ | 1 ♌ | 1 ♐ 24 ♑ | 1 ♌ 27 ♍ | 1 ♓ | 1 ♌ 8 ♍ | 1 ♉ | 1 ♍ | 1 ♉ 2 ♊ |
| SEP | 1 ♌ | 1 ♐ | 1 ♌ 14 ♍ | 1 ♑ | 1 ♍ | 1 ♓ | 1 ♍ 24 ♎ | 1 ♉ 21 ♊ | 1 ♍ 5 ♎ | 1 ♊ 21 ♋ |
| OKT | 1 ♌ 5 ♍ | 1 ♐ 12 ♑ | 1 ♍ | 1 ♑ 21 ♒ | 1 ♍ 13 ♎ | 1 ♓ | 1 ♎ | 1 ♊ 29 ♉ | 1 ♎ 21 ♏ | 1 ♋ |
| NOV | 1 ♍ 24 ♎ | 1 ♑ 21 ♒ | 1 ♎ | 1 ♒ | 1 ♎ 29 ♏ | 1 ♓ | 1 ♎ 8 ♏ | 1 ♉ | 1 ♏ | 1 ♋ |
| DEZ | 1 ♎ | 1 ♒ 30 ♓ | 1 ♎ 20 ♏ | 1 ♒ 4 ♓ | 1 ♏ | 1 ♓ 6 ♈ | 1 ♏ 23 ♐ | 1 ♉ | 1 ♏ 3 ♐ | 1 ♋ |

# Mars-Tabellen

| ♂ | 1961 | 1962 | 1963 | 1964 | 1965 | 1966 | 1967 | 1968 | 1969 | 1970 |
|---|---|---|---|---|---|---|---|---|---|---|
| JAN | 1<br>♋ | 1<br>♑ | 1<br>♌ | 1 13<br>♑ ♒ | 1<br>♍ | 1 30<br>♒ ♓ | 1<br>♎ | 1 9<br>♒ ♓ | 1<br>♏ | 1 24<br>♓ ♈ |
| FEB | 1 5 7<br>♋ ♊ ♋ | 1 2<br>♑ ♒ | 1<br>♌ | 1 20<br>♒ ♓ | 1<br>♍ | 1<br>♓ | 1 12<br>♎ ♏ | 1 17<br>♓ ♈ | 1 25<br>♏ ♐ | 1<br>♈ |
| MÄR | 1<br>♋ | 1 12<br>♒ ♓ | 1<br>♌ | 1 29<br>♓ ♈ | 1<br>♍ | 1 9<br>♓ ♈ | 1 31<br>♏ ♎ | 1 28<br>♈ ♉ | 1<br>♐ | 1 7<br>♈ ♉ |
| APR | 1<br>♋ | 1 19<br>♓ ♈ | 1<br>♌ | 1<br>♈ | 1<br>♍ | 1 17<br>♈ ♉ | 1<br>♎ | 1<br>♉ | 1<br>♐ | 1 18<br>♉ ♊ |
| MAI | 1 6<br>♋ ♌ | 1 28<br>♈ ♉ | 1<br>♌ | 1 7<br>♈ ♉ | 1<br>♍ | 1 28<br>♉ ♊ | 1<br>♎ | 1 8<br>♉ ♊ | 1<br>♐ | 1<br>♊ |
| JUN | 1 28<br>♌ ♍ | 1<br>♉ | 1 3<br>♌ ♍ | 1 17<br>♉ ♊ | 1 29<br>♍ ♎ | 1<br>♊ | 1<br>♎ | 1 21<br>♊ ♋ | 1<br>♐ | 1 2<br>♊ ♋ |
| JUL | 1<br>♍ | 1 9<br>♉ ♊ | 1 27<br>♍ ♎ | 1 30<br>♊ ♋ | 1<br>♎ | 1 11<br>♊ ♋ | 1 19<br>♎ ♏ | 1<br>♋ | 1<br>♐ | 1 18<br>♋ ♌ |
| AUG | 1 17<br>♍ ♎ | 1 22<br>♊ ♋ | 1<br>♎ | 1<br>♋ | 1 20<br>♎ ♏ | 1 25<br>♋ ♌ | 1<br>♏ | 1 5<br>♋ ♌ | 1<br>♐ | 1<br>♌ |
| SEP | 1<br>♎ | 1<br>♋ | 1 12<br>♎ ♏ | 1 15<br>♋ ♌ | 1<br>♏ | 1<br>♌ | 1 10<br>♏ ♐ | 1 21<br>♌ ♍ | 1 21<br>♐ ♑ | 1 3<br>♌ ♍ |
| OKT | 1 2<br>♎ ♏ | 1 11<br>♋ ♌ | 1 25<br>♏ ♐ | 1<br>♌ | 1 4<br>♏ ♐ | 1 12<br>♌ ♍ | 1 23<br>♐ ♑ | 1<br>♍ | 1<br>♑ | 1 20<br>♍ ♎ |
| NOV | 1 13<br>♏ ♐ | 1<br>♌ | 1<br>♐ | 1 6<br>♌ ♍ | 1 14<br>♐ ♑ | 1<br>♍ | 1<br>♑ | 1 9<br>♍ ♎ | 1 4<br>♑ ♒ | 1<br>♎ |
| DEZ | 1 24<br>♐ ♑ | 1<br>♌ | 1 5<br>♐ ♑ | 1<br>♍ | 1 23<br>♑ ♒ | 1 4<br>♍ ♎ | 1 2<br>♑ ♒ | 1 30<br>♎ ♏ | 1 15<br>♒ ♓ | 1 6<br>♎ ♏ |

| ♂ | 1971 | 1972 | 1973 | 1974 | 1975 | 1976 | 1977 | 1978 | 1979 | 1980 |
|---|---|---|---|---|---|---|---|---|---|---|
| JAN | 1 23<br>♏ ♐ | 1<br>♈ | 1<br>♐ | 1<br>♉ | 1 21<br>♐ ♑ | 1<br>♊ | 1<br>♑ | 1 26<br>♌ ♋ | 1 21<br>♑ ♒ | 1<br>♍ |
| FEB | 1<br>♐ | 1 10<br>♈ ♉ | 1 12<br>♐ ♑ | 1 27<br>♉ ♊ | 1<br>♑ | 1<br>♊ | 1 9<br>♑ ♒ | 1<br>♋ | 1 28<br>♒ ♓ | 1<br>♍ |
| MÄR | 1 12<br>♐ ♑ | 1 27<br>♉ ♊ | 1 27<br>♑ ♒ | 1<br>♊ | 1 3<br>♑ ♒ | 1 18<br>♊ ♋ | 1 20<br>♒ ♓ | 1<br>♋ | 1<br>♓ | 1 12<br>♍ ♌ |
| APR | 1<br>♑ | 1<br>♊ | 1<br>♒ | 1 20<br>♊ ♋ | 1 11<br>♒ ♓ | 1<br>♋ | 1 28<br>♓ ♈ | 1 11<br>♋ ♌ | 1 7<br>♓ ♈ | 1<br>♌ |
| MAI | 1 3<br>♑ ♒ | 1 12<br>♊ ♋ | 1 8<br>♒ ♓ | 1<br>♋ | 1 21<br>♓ ♈ | 1 16<br>♋ ♌ | 1<br>♈ | 1<br>♌ | 1 16<br>♈ ♉ | 1 4<br>♌ ♍ |
| JUN | 1<br>♒ | 1 28<br>♋ ♌ | 1 21<br>♓ ♈ | 1 9<br>♋ ♌ | 1<br>♈ | 1<br>♌ | 1 6<br>♈ ♉ | 1 14<br>♌ ♍ | 1 26<br>♉ ♊ | 1<br>♍ |
| JUL | 1<br>♒ | 1<br>♌ | 1<br>♈ | 1 27<br>♌ ♍ | 1<br>♉ | 1 7<br>♌ ♍ | 1 18<br>♉ ♊ | 1<br>♍ | 1<br>♊ | 1 11<br>♍ ♎ |
| AUG | 1<br>♒ | 1 15<br>♌ ♍ | 1 12<br>♈ ♉ | 1<br>♍ | 1 14<br>♉ ♊ | 1 24<br>♍ ♎ | 1<br>♊ | 1 4<br>♍ ♎ | 1 8<br>♊ ♋ | 1 29<br>♎ ♏ |
| SEP | 1<br>♒ | 1<br>♍ | 1<br>♉ | 1 12<br>♍ ♎ | 1<br>♊ | 1<br>♎ | 1<br>♋ | 1 20<br>♎ ♏ | 1 25<br>♋ ♌ | 1<br>♏ |
| OKT | 1<br>♒ | 1<br>♎ | 1 30<br>♉ ♈ | 1 28<br>♎ ♏ | 1 17<br>♊ ♋ | 1 9<br>♎ ♏ | 1 27<br>♋ ♌ | 1<br>♏ | 1<br>♌ | 1 12<br>♏ ♐ |
| NOV | 1 6<br>♒ ♓ | 1 15<br>♎ ♏ | 1<br>♈ | 1<br>♏ | 1 26<br>♋ ♊ | 1 21<br>♏ ♐ | 1<br>♌ | 1 2<br>♏ ♐ | 1 20<br>♌ ♍ | 1 22<br>♐ ♑ |
| DEZ | 1 26<br>♓ ♈ | 1 30<br>♏ ♐ | 1 24<br>♈ ♉ | 1 11<br>♏ ♐ | 1<br>♊ | 1<br>♐ | 1<br>♌ | 1 13<br>♐ ♑ | 1<br>♍ | 1 31<br>♑ ♒ |

# Mars-Tabellen

| ♂ | 1981 | 1982 | 1983 | 1984 | 1985 | 1986 | 1987 | 1988 | 1989 | 1990 |
|---|---|---|---|---|---|---|---|---|---|---|
| JAN | 1 ♒ | 1 ♎ | 1 ♒ 17 ♓ | 1 ♎ 11 ♏ | 1 ♓ | 1 ♏ | 1 ♓ 8 ♈ | 1 ♏ 9 ♐ | 1 ♈ 19 ♉ | 1 ♐ 30 ♑ |
| FEB | 1 ♒ 7 ♓ | 1 ♎ | 1 ♓ 25 ♈ | 1 ♏ | 1 ♓ 3 ♈ | 1 ♏ 2 ♐ | 1 ♈ 21 ♉ | 1 ♐ 22 ♑ | 1 ♉ | 1 ♑ |
| MÄR | 1 ♓ 17 ♈ | 1 ♎ | 1 ♈ | 1 ♏ | 1 ♈ 15 ♉ | 1 ♐ 28 ♑ | 1 ♉ | 1 ♑ | 1 ♉ 11 ♊ | 1 ♑ 12 ♒ |
| APR | 1 ♈ 25 ♉ | 1 ♎ | 1 ♈ 5 ♉ | 1 ♏ | 1 ♉ 26 ♊ | 1 ♑ | 1 ♉ 6 ♊ | 1 ♑ 7 ♒ | 1 ♊ 29 ♋ | 1 ♒ 21 ♓ |
| MAI | 1 ♉ | 1 ♎ | 1 ♉ 17 ♊ | 1 ♏ | 1 ♊ | 1 ♑ | 1 ♊ 21 ♋ | 1 ♒ 22 ♓ | 1 ♋ | 1 ♓ 31 ♈ |
| JUN | 1 ♉ 5 ♊ | 1 ♎ | 1 ♊ 29 ♋ | 1 ♏ | 1 ♊ 9 ♋ | 1 ♑ | 1 ♋ | 1 ♓ | 1 ♋ 17 ♌ | 1 ♈ |
| JUL | 1 ♊ 18 ♋ | 1 ♎ | 1 ♋ | 1 ♏ | 1 ♋ 25 ♌ | 1 ♑ | 1 ♋ 7 ♌ | 1 ♓ 14 ♈ | 1 ♌ | 1 ♈ 13 ♉ |
| AUG | 1 ♋ | 1 ♎ 3 ♏ | 1 ♋ 14 ♌ | 1 ♏ 18 ♐ | 1 ♌ | 1 ♑ | 1 ♌ 23 ♍ | 1 ♈ | 1 ♌ 3 ♍ | 1 ♉ 31 ♊ |
| SEP | 1 ♋ 2 ♌ | 1 ♏ 20 ♐ | 1 ♌ 30 ♍ | 1 ♐ | 1 ♌ 10 ♍ | 1 ♑ | 1 ♍ | 1 ♈ | 1 ♍ 20 ♎ | 1 ♊ |
| OKT | 1 ♌ 21 ♍ | 1 ♐ | 1 ♍ | 1 ♐ 5 ♑ | 1 ♍ 28 ♎ | 1 ♑ 9 ♒ | 1 ♍ 9 ♎ | 1 ♈ 24 ♓ | 1 ♎ | 1 ♊ |
| NOV | 1 ♍ | 1 ♑ | 1 ♍ 18 ♎ | 1 ♑ 16 ♒ | 1 ♎ | 1 ♒ 26 ♓ | 1 ♎ 24 ♏ | 1 ♓ 2 ♈ | 1 ♎ 4 ♏ | 1 ♊ |
| DEZ | 1 ♍ 16 ♎ | 1 ♑ 10 ♒ | 1 ♎ | 1 ♒ 25 ♓ | 1 ♎ 15 ♏ | 1 ♓ | 1 ♏ | 1 ♈ | 1 ♏ 18 ♐ | 1 ♊ 14 ♉ |

| ♂ | 1991 | 1992 | 1993 | 1994 | 1995 | 1996 | 1997 | 1998 | 1999 | 2000 |
|---|---|---|---|---|---|---|---|---|---|---|
| JAN | 1 ♉ 21 ♊ | 1 ♐ 9 ♑ | 1 ♋ | 1 ♑ 28 ♒ | 1 ♍ 23 ♌ | 1 ♑ 9 ♒ | 1 ♍ 3 ♎ | 1 ♒ 25 ♓ | 1 ♎ 26 ♏ | 1 ♒ 4 ♓ |
| FEB | 1 ♊ | 1 ♑ 18 ♒ | 1 ♋ | 1 ♒ | 1 ♌ | 1 ♒ 15 ♓ | 1 ♎ | 1 ♓ | 1 ♏ | 1 ♓ 12 ♈ |
| MÄR | 1 ♊ | 1 ♒ 28 ♓ | 1 ♋ | 1 ♒ 7 ♓ | 1 ♌ | 1 ♓ 25 ♈ | 1 ♎ 9 ♍ | 1 ♓ 5 ♈ | 1 ♏ | 1 ♈ 23 ♉ |
| APR | 1 ♊ 3 ♋ | 1 ♓ | 1 ♋ 28 ♌ | 1 ♓ 15 ♈ | 1 ♌ | 1 ♈ | 1 ♍ | 1 ♈ 13 ♉ | 1 ♏ | 1 ♉ |
| MAI | 1 ♋ 27 ♌ | 1 ♓ 6 ♈ | 1 ♌ | 1 ♈ 24 ♉ | 1 ♌ 26 ♍ | 1 ♈ 3 ♉ | 1 ♍ | 1 ♉ 24 ♊ | 1 ♏ 6 ♎ | 1 ♉ 4 ♊ |
| JUN | 1 ♌ | 1 ♈ 15 ♉ | 1 ♌ 23 ♍ | 1 ♉ | 1 ♍ | 1 ♉ 12 ♊ | 1 ♍ 19 ♎ | 1 ♊ | 1 ♎ | 1 ♊ 16 ♋ |
| JUL | 1 ♌ 16 ♍ | 1 ♉ 27 ♊ | 1 ♍ | 1 ♉ 4 ♊ | 1 ♍ 21 ♎ | 1 ♊ 26 ♋ | 1 ♎ | 1 ♊ 6 ♋ | 1 ♎ 5 ♏ | 1 ♋ |
| AUG | 1 ♍ | 1 ♊ | 1 ♍ 12 ♎ | 1 ♊ 17 ♋ | 1 ♎ | 1 ♋ | 1 ♎ 14 ♏ | 1 ♋ 21 ♌ | 1 ♏ | 1 ♌ |
| SEP | 1 ♎ | 1 ♊ 12 ♋ | 1 ♎ 27 ♏ | 1 ♋ | 1 ♎ 7 ♏ | 1 ♋ 10 ♌ | 1 ♏ 29 ♐ | 1 ♌ | 1 ♏ 3 ♐ | 1 ♌ 17 ♍ |
| OKT | 1 ♎ 17 ♏ | 1 ♋ | 1 ♏ | 1 ♋ 5 ♌ | 1 ♏ 21 ♐ | 1 ♌ 30 ♍ | 1 ♐ | 1 ♌ 7 ♍ | 1 ♐ 17 ♑ | 1 ♍ |
| NOV | 1 ♏ 29 ♐ | 1 ♋ | 1 ♏ 9 ♐ | 1 ♌ | 1 ♐ | 1 ♍ | 1 ♐ 9 ♑ | 1 ♍ 27 ♎ | 1 ♑ 26 ♒ | 1 ♍ 4 ♎ |
| DEZ | 1 ♐ | 1 ♋ | 1 ♐ 20 ♑ | 1 ♌ 12 ♍ | 1 ♑ | 1 ♍ | 1 ♑ 18 ♒ | 1 ♎ | 1 ♒ | 1 ♎ 23 ♏ |